「人間関係」で決まる

宴会セールスの極意

(一社)日本ホテル・レストランサービス技能協会
テーブルマナー委員会　委員長　石井啓二 著

はじめに

「宴会セールス」を、何のことやら？　と思われる方もいらっしゃるでしょう。

宴会セールスとは、ホテルや会館、あるいは多目的のサービス施設での宴会部門で営業を担当することです。私は、東京の明治記念館や学士会館などの施設において、宴会セールス担当として40年間従事していました。

一口に宴会セールスといっても、施設がおかれた場所や状況によって、ノウハウは異なります。また、地域によってローカルルールや風習による違いもあります。しかしながら細かい所は違っても、大切にすべき根幹は変わらないはずです。


営業である以上、最も大きく優先されるのは売り上げを作ることです。それも持続できることが大切であって、そのためには品質の保持、向上、顧客の満足度に応じた展開、他社との差別化など、さまざまな課題が待ち受けています。

本書のようなビジネス書を読んで「自分にはそんなに裁量が与えられていない」「工夫の余地がない」と嘆く方がいるかもしれません。

裁量が与えられない理由はいろいろ考えられますが、もしあなたが自社の商品を深く理解し、長所・短所を見据えた営業ができる人材であれば、今後裁量が与えられる可能性は高くなります。さらに商品をより良いものにする企画力や知恵のある人であれば、ますます裁量が増えて、以後の発展を期待されるでしょう。

各章の最後に「サービスのプロフェッショナルたち」を紹介しております。

本文でも解説しておりますが、併せてご覧ください。

皆さんの働く施設の会場がより愛される場となるために、あなたがより素晴らしい「宴会セールス」担当となるために、どのように発想して行動すればいいのか、少しでもヒントになれば幸甚です。

石井啓二

目次

はじめに　3

第1章　宴会セールスは「人間関係」で決まる　13

宴会セールスは「人間関係」が基本　14
新規獲得の難しさ　15
お得意様をいかに維持するか　18
サービスの本質　21
お客様に「成功体験」を　23
人間関係に近道なし　25
3年後を見据えた営業を　27

お得意様を大切にする……30
お客様やマスコミを味方に……32
社外以上に大切なのは社内……33
「人」が財産……37
サービスのプロフェッショナルたち　レストランサービス技能士……39

第2章　宴会セールスのマーケティング　41

宴会セールスの「特殊性」を理解する……42
宴会の種類を理解する……50
スタイル別……51
趣旨・目的別……55
一般の宴会や集会……56　企業の宴会や集会……59
ブライダル……61　コンベンション……62　その他……63

サービスのプロフェッショナルたち　ブライダルコーディネーター……65

第3章　「スタッフ」を売る　67

宴会セールスは「総力戦」……69
宴会を支える組織……70
現場を創生するスタッフ……73
ブライダルのスタッフ……85
スタッフの「付加価値」を高める……93
サービスのプロフェッショナルたち　ソムリエ……97

第4章　宴会セールスの営業戦略　99

追い求める営業……100

楽しめる営業……101
お客様に寄り添った提案……102
情報の集め方……103
営業訪問……108
営業会議……110
見積り……110
請求書は次の商機へのパスポート……121
「できません」と言わないために……123
将来のニーズを作る「テーブルマナー教室」……128
ライバルを研究する……134
長期的な戦略……136

サービスのプロフェッショナルたち

テーブルマナー認定講師……138

第5章　打ち合わせ

「失敗しない宴会」は打ち合わせから……140
キーパーソンは「幹事さん」……141
招待状の役割……144
プログラムの構成……146
コンセプトとおもてなしのバランス……148
「風」を作らない動線……153
手配書の役割……153
打ち合わせの一例……154
サービスのプロフェッショナルたち　レセプタント……158

第6章　施行当日　159

ホワイエ……160
受付……167
会場案内……168
料理案内……170
着席パーティーの案内……171
情報の提供・共有の大切さ……172
女性目線……174
VIPや高齢者への対応……176
喫煙所……177
プログラムの進行……178
料理が足りない……182
お花を差し上げる……185

「忘れ物」をさせない……186
天候と交通機関……188
平時こそ緊急時のことを考える……191
サービスのプロフェッショナルたち　サービスクリエーター……194

第7章　お身体の不自由なお客様への対応　195

肢体不自由……198
視覚障害……202
聴覚障害・言語障害……206
サービスのプロフェッショナルたちが学ぶ資格　ユニバーサルマナー……208
「幹事さん」のためのワンポイントアドバイス……209
おわりに……218

第1章　宴会セールスは「人間関係」で決まる

どんな施設であれ、利益を追求する企業である以上「セールス部門」、つまり営業担当はいるはずです。

「誰に」「何を」売るのか。それはその会社ごとにさまざまでしょう。


本章ではその中でも「誰に」に的を絞ってあります。

一口に「宴会」といっても、目的も規模も実にさまざまです。たとえば仲間が数人集まって食事をすれば、それはもうりっぱな「宴会」です。一方、何かの催しに付随した、何百人もが集まるビジネスパーティーも「宴会」です。

営業の対象となる「誰に」は、個人の場合も法人の場合もあるのです。

宴会セールスは「人間関係」が基本

ＩＴ時代もどんどん進み、ちょっとしたサービス業はＡＩに任せられる時代になってきました。銀行の窓口はどんどん減って、24時間、疲れを知らないＡＴＭが間違いのない計算力で、私たちのお金を管理してくれています。人がしていた業務のいくらかが、機械にとって代わられようとしているのが現状です。

そんな中、この本に書かれていることはまるで時代を逆行しているように思われるかもしれません。しかしながら相手を思いやること、相手の立場に立って考えること、多彩な価値観に対応して臨機応変なサービスをすること、ぎりぎりの裁量で判断をすること、これらは人間にしかできないことです。なぜなら、宴会セールスも宴会サービスも、人の感情に直接訴えかける仕事だからです。

新規獲得の難しさ

新人であれば、まずは地元企業や団体のリストを渡されて、それを片っ端からあたるように指示されるかもしれません。また、毎年決まってご利用いただいているお得意様を引き継ぐことも、あるかもしれません。新規とお得意様、どちらも大切にしなくてはならないお客様です。

新規のお客様をいかにつかまえるか、これはもう、新人・ベテランを問わず、営業担当の永遠の課題でしょう。地域のリストに基づいてひたすら営業に回るのも、ひとつのやり方ではあります。しかしそのやり方は効率がよいとは言えませんし、一軒一軒の相手のことをじっくり研究してあたることもできません。いうなれば、相手とのファーストコンタクトを増やし、まず「入口に立つため」の営業です。

もちろん、こうした入口に立つための営業に意味がないとは言いません。私も勤め先の最寄り駅の出口に立って、ランチタイムのチラシを配ったこともあります。近隣にはたくさんの企業があり、そこには若い人もたくさん働いています。たまには若い人にも施設に足を踏み入れてほしい、そんな思いからです。

私が働いていた明治記念館や学士会館にも、それぞれ本格的なレストランや気軽なカフェテリアがありました。ドラマや雑誌の撮影にも利用されるような建物でしたから、非日常の感覚が味わえるところも魅力です。まずは手軽なランチから会館を知っていただいて、もし、ちょっとした会合や結婚式などでご利用いただけたら、という「知っていただくための営業」です。

もうひとつ、頭を使って展開する新規営業があるとしたら、それは人脈をたどって相手のニーズをとことん研究する営業です。

社会経験の浅い人に人脈がないのは当たり前ですが、自分の周囲をよく見まわしてみてください。家族や親せきの勤め先、母校、恩師、友人などなど、誰かの「つて」で「宴会利用のニーズはないか」と話をできそうなところはないか、調べ上げます。自分の母親や妻の「女子会」でもいいのです。5人、10人の規模でも宴会は宴会です。ランチパーティーの会場に使ってもらいましょう。そうやって自分だけの人脈から開拓したお客様を一組でも二組でも経験しましょう。

そこから、次のお客様が生まれることは決して珍しいことではありません。

「お料理がとてもおいしかったから」
「サービスが行き届いていたから」
「とってもよくしてもらったから」

「ぜひ次もお願いしたい」

と言っていただけたら大成功です。その時の出席者がかりに5人だとして、その向こう側には5人分の人脈が広がっています。もちろん5人が5人ともビジネスチャンスに直結するわけもありませんが、女子会メンバーの一人が別の集まりでご利用くださるかもしれません。家族のお祝いや法事の後の会食に、あなたの施設を思い出してくださるかもしれません。

ひとつ糸口（入口）をみつけて、そこからどんどん、次の展開へと進んでいきましょう。細い糸でも大切に、切らすことなく丁寧にたぐっていけば、きっと次の道が開けるというものです。

お得意様をいかに維持するか

既存のお客様への対応についても考えてみましょう。

お得意様は、すでに当社をご利用いただいている経験者です。お互い宴会の回数を重ねるごとに理解度は深まっているかもしれません。しかし、そこに「落とし穴」がある場合もあるのです。

毎年、大規模な宴会でご利用くださるお得意様がいたとします。しかし、幹事さんが毎回決まった人とは限りません。企業宴会でありがちなのが、総務部の新人さんが幹事を担当するケースです。

何年ご利用いただいていたとしても、毎回担当者が変わるとしたら、これまでの履歴がどこまで引き継がれているか未知数です。去年がスムーズだったからといって「今年も去年と同じ感じでいいだろう」と思っていたら、全く違うニーズが出てくることもあり得ます。

逆のパターンもあります。お得意様の幹事さんが大ベテランで、自分が新人ということがあり得ます。先輩からお得意様を引き継いだ場合などは、お客様のほうがよほどいろんなことをご存知、なんていうことにもなりかねません。

新人が経験不足なのは当たり前です。ならば、去年は何を・どうしたのか、それがよかったのか・よくなかったのか、去年と今年は同じでよいのか、去年と今年で違うところはないかなどを模索して、経験のなさは手数と「目配り・気配り・心配り」でカバーするしかありません。

去年がどうだったのかは、先輩に詳細に聞きましょう。出した料理の内容、量、飲み物の数など、数字はいくらでも残っています。しかし、大切なのは「数字の向こうにどんな理由があるか」ということです。

定番の立食コースだったのか、アレンジメニューは出していないのか、ご飯ものや麺類など主食メニューが多いのは、若い人が多くてボリュームを要求されたためなのか、今年もそのニーズに変わりはないのか、など確認すべきことは少なくありません。

新規のお客様に対しては、古くからのお付き合いであるかのごとく、詳しく相手のニーズを探ることが求められます。古くからのお客様に対しては、新しく知り合ったかのごとく、わかった気にならずに相手のニーズを深く確認しましょう。

どのお客様も等しく「一期一会」のお付き合いの気持ちであたれば、やがて強い信頼関係を結べるようになるのです。

サービスの本質

企業宴会であれ小規模宴席であれ、宴会セールスの仕事は受注したら終わり、ではありません。受注しっぱなしで後はスタッフにお任せではお客様はリピーターになってくれません。それほど甘いものではないのです。

どうすれば選ばれる会場になれるのか。新規のお客様が常連さんになってくれるのか。それには幹事あるいは主催者に「成功体験」をさせてあげることです。

昔、結婚式は自宅で行うものでした。欧米ほどパーティー文化のない日本でも、おもてなしは自宅に招いてするものでした。ですから客用の食器や客用の座布団が常備され、部屋も客間、応接間といわれるものがありました。それがやがてレストランや料亭、ホテルや会館の宴会場など家の外の料理店などを利用するようになっていったのです。

ということは、サービスの本質は何か、お分かりですね。

結婚式ならば、新郎新婦や両家になりかわって招待客のおもてなしを、企業宴会ならばホスト企業になりかわってお得意先や関係各位のおもてなしをします。つまり、宴会ビジネスは「主催者のかわりに」「招かれた人・列席者を」もてなすことです。

自宅や自社に招く代わりに施設で、手料理の代わりにプロの料理で、というわけです。規模の大小はあれども、相手を喜ばせよう、楽しませようという趣旨は同じです。

さらに、会合によって個別の「目的」があります。宴会セールス担当は、幹事さんや主催者から宴会の趣旨や目的を聞き取り、予算に合わせて宴席を成功させることが任務です。招かれた人たちが喜び楽しんで帰ってくださるように、最善を尽くします。

そのためには、トラブルがないのは当然のこと、列席者を喜ばせるにはどうすべきか、とことん知恵を絞る必要があります。

たとえば大切な人に誕生日のプレゼントを選ぶとしましょう。

あなたはまず何を考えますか。相手の好みや使ってもらえそうなものを選ぶために、相手の生活習慣やニーズを細かく検討して、どうすれば喜んでもらえるか、あれこれ考えを巡らせるでしょう。

お客様に「成功体験」を

宴会セールスも同じことです。主催者（プレゼントの贈り主）になったつもりで、相手（プレゼントを受け取る人）のことをよくよく考えます。どうすれば相手に喜んでもらえるか。趣旨（この場合は誕生日プレゼント）はなんでしょうか。いくら実用的でも、趣旨に合わないものではいけません。もちろんそこには予算という問題もあります。それを宴会に置き換えて考えます。

趣旨がどなたかの還暦や喜寿のお祝いだったら、その方の生まれ年のワインを乾杯用に用意する、なんていうのもしゃれています。ご高齢の方が多いならば、お体に配慮したメニューを工夫する必要があるかもしれません。女子大の謝恩会だったらインスタ映えしそうなカラフルな料理やデザートを盛り沢山に用意するのがよさそうです。

そうやって心づくしの宴会をプロデュースしてうまく成功したら、どうなるでしょう。まず、株が上がるのは「幹事」であり「主催者」です。「新作発表会のレセプションを○○君に任せてよかった。非常に評判がよくて、商談もまとまりそうだ」とか、「△△社さんのパーティーは毎年楽しみにしている。何しろお料理がおいしい」という風になるでしょう。

たかが宴会。されど宴会。それで幹事や主催者の評価が高まり成功体験ができれば、次回以降も「頼れる会場」として信頼していただけるようになります。仮に連続受注がなくとも、パーティーに参加した誰かしらの心に残って「△△社さんのパーティーがすごく良かったから、今度はうちも頼みたい」というケースを、私は実際に何度も経験してきました。

そのために宴会セールスが考えるべきことは二つです。

一つ目は、成功体験をさせるべき「キーパーソン」は誰かを見極めることです。

企業宴会の会場決定権を持っているのは誰か、予算管理をしているのは誰かを見極めます。

二つ目は、そのキーパーソンに有効な提案をして、宴会を成功させ、手柄を立てさせてあげることです。

そのためには、どんな人間関係も漏らさずチェックして、いつでも活用できるように注意を払うことが大切です。

人間関係に近道なし

どんなに細い糸でも大切にしましょう。いつ、どこにつながっているかわからない糸です。そのために大切なのが人間関係ですが、そこで求められるのが、名刺管理であり、情報管理です。

名刺や顧客情報の管理法、活かし方、といったビジネス本は山ほどあります。どんなやり方でも結構です。個々人がやりやすい方法で整理したらよいと思います。

ただ、営業の仕事はおびただしい数の人に出会います。一年にたくさんの名刺を配り、またいただくでしょう。それをコンピュータに入力するもよし、五十音順に整理してファイルに入れるもよしです。それは、チームで共有することにもつながります。その広がりは計り知れません。

ただし、名刺の一枚一枚が一本一本の糸だとすれば、ごっちゃにするわけにはいきません。いつ、どこで、どんな経緯で会った人か、人の名前と顔だけでなく、そうしたストーリーもどんどん蓄積します。一度でもお取引があった相手ならば、情報はどんどん増えていきます。

ある程度親しくなったなら、季節の挨拶はもちろん、相手の方の人生のイベントの節目ごとに気に掛けることもあります。たとえば、お子さんが今度結婚するというタイミングなら「おめでとうございます」の一言とともに、負担にならない程度のプレゼントをしてもいいかもしれません。「お祝いの席があるならば、いつでもお申し付けください。精一杯サービスさせていただきます」その一言を営業ではなく心から言えるセールス担当でありたいものです。

人と人の関係は、マニュアルでは管理しきれません。このＩＴ時代になにをアナログな、と思われるかもしれません。私もコンピュータを否定しません。むしろ、データ管理のようなコンピュータが得意な仕事は、コンピュータにさせましょう。

そしてその分人間の手が空いたら、その生まれた余裕で人を研究し、人と付き合うことに時間と労力を割くべきではないかと、思うのです。

３年後を見据えた営業を

出版記念パーティーなどビジネス宴会にはいくつか種類があります。経営者の叙勲のお祝いなどは単発のものです。一方、各種学会の宴会、創立記念の催し、忘・新年会など定例的なものも多くあります。

そんな大きな宴会をどのように受注するか、各施設ともセールス担当はどこにニーズがあるか、必死で探します。そして一度ご縁をいただいたお客様には、次回以降も何らかのお付き合いがいただけるように、大切につないでいくわけです。そんなとき、心得ておくべきなのは、近い将来を見据えて動くことです。

例えば、近隣の医師会にお得意様があるとします。学術発表会後の宴会などを受注するわけですが、その催しは毎年行われるものでしょうか、2年か3年に一度行われるものでしょうか。

事務局を担当するのは、大学教授の中でも比較的キャリアの浅い、准教授レベルの人が担当するケースが多く見受けられます。さて、その学会の集まりが2年に一度だとして、今幹事さんをされている准教授はどの程度出世なさるでしょうか。

人様の出世を見越すというのは、不謹慎な話に聞こえるかもしれません。しかし長年組織とお付き合いをすれば、それぞれの社会での出世のペースというものが見えてきます。幹事や事務局をやっていた若手が何年ほどで出世するか、出世した結果決定権を持つようになるのはいつごろか、ある程度想定できるようになるのです。

ある大学の准教授Aさんは、2年に一度の学会の事務局をすでに2回担当しています。次の学会のころには、もしかしたら教授に昇格しているかもしれません。さらにその次の時には、学会の開催場所の決定権者になっている可能性もあります。そこを見越して、お付き合いするのです。

なにも便宜を計りなさいというのではありません。いかに融通がきいて、独自のサービスができて、自分たちのことを考えてくれる会場であるかを、相手に分かってもらえる努力をするということです。「どこで開催しようかな…」と考えたとき、まっさきにあなたの顔を思い浮かべてもらえるようになりたいものです。

オリンピックは4年に一度です。2020年に東京オリンピック・パラリンピックの頃は、すでにどこの施設も会場も予約でいっぱいになるでしょう。それは日本が開催国だからですが、そうでなくても、夏季にせよ冬季にせよオリンピックのある年は宴会の需要は膨らみます。競技ごとに団体があり、壮行会なども頻繁に行われます。

2年先3年先世の中では何が開催され、それに付随して宴会の需要はないだろうかと考えてみましょう。5年先10年先のことはわからなくても、少し先を見て動く、これがニーズをいち早く掘り起こす営業につながります。

お得意様を大切にする

人脈を大切にすること、これはどんなビジネス書にも書かれていることです。

では、具体的にどうすることが「大切に」していることになるのでしょう。

身近な人脈からたどって、チャンスをつかむのは大切なことです。少しずつ宴会の受注経験を積んでいくと、あなた独自の人脈もできていくでしょう。

お得意様ができてくると、その方の人脈づたいに仕事をご紹介いただけるかもしれません。そうなると、その方は「紹介者」様になります。その紹介者様をどう大事にするか、これも大切なポイントです。

お得意様の気持ちよさとは、どんなところにあるでしょう。

居酒屋でもスーパーでも商店街でも同じです。顔を合わせたとき「あら、○○さん、いらっしゃい」と、店側が自分のことを知っていてくれること、これが第一です。さらに「はい、○○さんだからおまけね」、「店頭には出してないけど、いいのが入っていますよ」などなど「自分だけ」に、何か「いいこと」があると、これこそが「お得意様冥利に尽きる」瞬間でしょう。例えが身近な話だったかもしれませんが、ホテルや宴会施設でもこれは同じことです。

お得意様が宿泊でご利用になるとき、仕事の打ち合わせや待ち合わせでカフェラウンジをご利用になるとき、フロントスタッフなどから「○○さま、いつもありがとうございます」「いらっしゃいませ、○○さま」と名前を呼ばれたら、それは気持ちいいですよね。

セールス担当にとって大切なお客様が来店されたら、必ず自分に知らせるように社内に通達しておきましょう。そして、お客様がカフェラウンジでお打ち合わせならお茶代はサービスする、バーラウンジでお酒をお召し上がりならウェルカムドリンクの1杯はサービスする、レストランをご利用なら割引して差し上げるなど、何らかの形で「おかえし」をするのです。

そのお得意様は、たいていの場合どなたかとご一緒でしょう。ほかの方の前で「最初の1杯は私どもからのサービスとさせていただきます」と言われたり、カフェのレジで「いつもお世話になっておりますので、お代は結構ですと××（あなたの名前）より申し付かっております」と言われたりしたら、どうでしょうか。その方の顔が立つというものではありませんか。

サービスして差し上げた分は「店のおごり」になるわけですが、負担になるのは原価分だけです。1万円のワインをお食事の席でプレゼントしたとして、外から買ってきたワインを渡すなら1万円の負担になります。しかし店の商品であれば、上代が1万円であったとしても、原価分の負担で済みます。

最小限の負担で相手を立てることができる、もっともきれいなサービスの仕方であろうと思います。

お客様やマスコミを味方に

自社イベントで、ディナーショーなどのイベントが企画される場合があります。施設のお得意様を一番知っているのは宴会セールスです。日頃企業や団体の担当者とコミュニケーションがとれていれば、チラシを配布してもらったり、ポスターを貼らせてもらったりしてもらえるでしょう。

地元のマスコミと懇意にしていれば、告知依頼できることもあるでしょう。新しい料理や施設のお披露目、スタッフが大きな賞を取ったなど、あらゆることを取材してもらえるよう、できることはすべてチャレンジします。これが次のチャンスを生むのです。

社外以上に大切なのは社内

最後は「社内」の人間関係です。

どんな会社でもそうですが、人ひとりで成り立つビジネスというものはそうそうありません。宴会の会場となるようなホテルや会館などでも、実にいろんなスタッフがいて、いろんな人の仕事によって、成り立っています。

ぜひ、朝出社したら、どれだけの人が宴会にかかわっているのか、会社の中で数えてみてください。お客様の立場に立って考えるとわかりやすいでしょう。
入口に到着してまず出迎えるのは、ドアマンです。お車で到着の場合は、駐車係が先かもしれません。ロビーに足を踏み入れれば、フロントやコンシェルジュがいます。会場にはサービススタッフ、厨房には調理スタッフがいます。会場を掃除する人、照明や音楽を担当する人まで含めたら、実にたくさんの人がかかわっているのかがわかるでしょう。さて、あなたはそのうち、何人まで覚えていますか。顔と名前の一致する人がどれだけいるでしょうか。

どこに、どんなビジネスチャンスがころがっているか、わかりません。もしかしたら普段接触の少ないドアマンの家族が、結婚式を控えているかもしれません。清掃会社から派遣されてきているおばさんが、趣味の会の会合を仕切っているかもしれません。新入社員のお父さんが、企業の経営者かもしれません。いつ・誰がお客様になるかもしれない、そんなつもりで日々暮らしていれば、社内のスタッフに対して決してぞんざいな態度はとれないものです。

もちろん、人と人のつながりだけでビジネスが動くかと言われれば、話はそう簡単ではありません。しかし会社は人の集まりで成り立っていて、人が10人いればその10人分の人脈が、それぞれの背景には広がっています。

その豊富な人脈をセールスに活かすためには、人間関係を大切にするだけでなく「見返り」や「インセンティブ」を用意することも大切です。

社内の誰かが宴会のチャンスをくれたら、受注につながる紹介をしてくれたら、何らかの形で報酬を渡すのです。それは金一封かもしれませんし、受注額に応じて何%か一定のマージンを支払う会社もあるでしょう。何かをしてもらったら、必ずそれ相応のお返しをすることが、ビジネスの基本中の基本といえるでしょう。

社内のスタッフの仕事を尊重し感謝することとは、実はお客様の紹介以上に自分の仕事を助けてくれることにつながります。宴会セールスの仕事をしているとスタッフに無理なお願いをする場面も出てきます。そんな時、喜んで力を貸してもらえるか・もらえないか、それはあなた自身の普段の人間関係にかかっているのです。

たとえば、予算ぎりぎりで豪華に見える料理を出してほしい、短時間で会場準備をしてほしいなど、お客様からの無理難題をセールスの裁量で受注した場合、そのしわ寄せは現場スタッフにかかってしまいます。


それでも、裏方が大変だったことなどお客様に悟らせず、お客様には「無理なお願いを聞いてくれた」「いい宴会だった」という印象を残すことが大切となります。

そんな時、支えてくれたスタッフに対して、どうしたらよいでしょう。

ひとつには、セールス担当がスタッフと一緒に汗を流すことです。

私は、自分が受注した宴会には必ず立ち会います。宴会の裏側では、大量の引き出物の準備があります。当日になって突然「これも皆さんへのお土産に入れておいて」と、予定外の品物が届くこともあります。そんなとき、私はサービススタッフと一緒になって紙袋を並べ、品物を確認しながら袋詰めします。どれをどなたにお渡しするのか、どのテーブルに配るかなどの仕分け作業も一緒にやります。

手が足りないところがあれば、自分にできる仕事は何でも手伝います。無理な仕事をスタッフにお願いする以上「一緒によりよい宴会を作り上げるのだ」という姿勢を見せることが何より大事なのです。

「人」が財産

経営に携わるようになってからは、より具体的なフィードバックを心がけるようになりました。たとえば利益が確定したとき、普通の企業ならば利益のかなりの部分を予備費や基礎的な運営費に組み込んでしまいます。つまり会社の蓄えとするわけです。会社としては、少しでも蓄えがあったほうが安心ですから、当然の判断でしょう。けれど、私は利益の一部を臨時ボーナスとして還元しました。お金で蓄えるよりも、働いてくれる「人」が財産だと考えるからです。

サービススタッフにせよ、調理スタッフにせよ、人を一から育てるのにはお金も時間もかかります。せっかく戦力になってくれている人が、会社に嫌気がさして辞めてしまっては、大きな損失です。いくらお金の蓄えがあっても、次から次へと人が辞めるような会社では、会社全体のポテンシャルは上がりませんし、人材確保や育成にばかりお金がかかることになります。であるならば、目先の蓄えは多少減っても、わかりやすい形でスタッフの労をねぎらうことのほうがよほど有益です。

これは管理職でなければできないことではありますが、人と仕事をする上での心構えとして、若いうちからその感覚を持っておくことは決して無駄ではないと考えます。

人の仕事を馬鹿にしない。

どんな仕事も尊重する。

その気持ちは、黙っていても相手に伝わるものです。

「あの人のためなら、一肌脱ごう」。そう言ってもらえる宴会セールスならきっといい宴会が作れるはずです。

サービスのプロフェッショナルたち

レストランサービス技能士

レストランサービス技能士とは、飲食をサービスする側に求められるサービス技能や知識の国家資格を持つ人のことで、（一社）日本ホテル・レストランサービス技能協会が全国の主要都市で実施する「レストランサービス技能検定」に合格した人に与えられます。1級から3級に分かれ、学科試験と実技試験により審査されます。合格者はホテル、レストラン、会館等の現場の担当者はもとより、専門学校生の資格取得の指標となっております。当協会は厚生労働大臣からサービス業としては、我が国で最初に指定試験機関とされた料飲団体です。

一般社団法人 日本ホテル・レストランサービス技能協会（ＨＲＳ）
〒１０２－００７２　東京都千代田区飯田橋３－３－11 飯田橋ばんらいビル６Ｆ
ＴＥＬ：０３－５２２６－６８１１　ＦＡＸ：０３－５２２６－６８１２

第2章　宴会セールスのマーケティング

第1章では、「誰に」売るのかがテーマでした。

本章では「何を」売るのかを主テーマにしていきます。

宴会セールスの「特殊性」を理解する

宴会セールスの目的はずばり、複数人数の飲食を伴う会合の契約を受注すること、ここがスタート地点です。

宴会セールスが売るものは「宴会」です。

宴会とは
「複数の人間が」

「何らかのつながりや目的のもとに」

「同時に一か所に集まって」

「食べ物や飲み物を楽しむ」ことです。

この定義になぞらえて、あなたの職場と仕事を見つめてみたいと思います。

複数の人間が

あなたの職場の宴会場や個室の収容人数は、把握できていますか。最小で何人、最大で何人でしょうか。大部屋をパーテーションで区分けして使う場合はどうでしょう。料理を運ぶ動線が確保できる部屋はいくつ作れるかも、問題になってきます。そこには何人から何人まで入るでしょうか。

それぞれの部屋の室料（会場費）はどのくらいですか。少人数の宴会に大きな部屋を割り当てるのは損になります。各部屋に、何人以上の宴会でなければ採算が合わない、というラインがあるはずです。それも把握しておかなければなりません。「複数の人間」と考えただけで、部屋と人数についてこれだけ考えておかねばならない、ということです。

何らかのつながりや目的のもとに

ホテルにはクラス、ランクというものがあります。一般的なホテルの宴会場であれば、当然企業宴会の需要が高いでしょう。ただし同じ企業宴会でも、おもてなしの要素が強い、客単価が高い、高級志向の演出が要求される場合には、一流クラスのホテルなどが採用されることでしょう。

「会館」といわれるものもたくさん存在し、その来歴は様々です。結婚式の需要が多く、規模の大きな神社には、多くの場合「〇〇神宮会館」などがあります。私が勤めていた東京・信濃町の明治記念館は、赤坂仮御所の別館（憲法記念館）をルーツにもつ由緒ある施設です。最初から結婚式のために作られた会館もあるでしょう。

また、大学の卒業生、同窓生のための会館がある場合もあります。その後私が勤めていた東京・神保町の学士会館は、旧帝国大学（北海道大学、東北大学、東京大学、名古屋大学、京都大学、大阪大学、九州大学で、現在の国立七大学）出身者の親睦と知識交流を目的とした場として長く愛され、現在では国立七大学以外の方にも、結婚式などで利用いただいている会館です。

このように、その施設の成り立ちによって目的がある程度固定される傾向がありま す。立地条件によって利用される客層や目的が左右されるのも、よくあることです。

あなたが働く場所は、どんな施設でしょうか。これまでどのような方に、どのような目的で利用されることが多かったでしょうか。

それを知ることは、新たなチャンスにつながります。これまでの利用者にはなかった層、なかった利用目的を考えるスタートになるからです。新たな顧客とのつながりを開拓するためには、そうした人たちの目的の利用がなかった理由はなにか、それは克服できるものか、できないものかなど、自社の置かれた客観的な状況をよくよく見極め、より深く自社を知ることが大切です。

同時に一か所に集まって

人が集まってこその宴会です。

ということは、「集まりやすい場所」になくてはなりません。

開業する際のマーケティング調査である程度のことは考えているはずですが、時代が変われば交通機関も変わります。20年前、誰が東京の品川駅に新幹線が止まるようになると考えたでしょうか。東京都内を見渡すと、新しい地下鉄ができたことで突然交通の便が良くなった場所はいくつもあります。

例えば、東京駅や大阪駅など主要交通機関のターミナルに至近な立地であれば、顧客対象は全国に及ぶでしょう。

一方、そこまで交通インフラの真っただ中になくとも、地元に密着したタイプの施設もあります。地域の企業や学校にゆかりのある人たちならば、離れたところの人であっても、その地域への土地勘や親しみはあるはずです。創立○周年パーティーや同窓会、謝恩会などがその例です。

自社施設のある地域がどういう土地なのか、その土地に本拠を置く企業や名門といわれる学校はあるか、行事やしきたりを重んじる土地柄であるかなど、営業のフィールドとして地域を理解し、マーケットを分析する必要があります。

食べ物や飲み物を楽しむ

人が集まりやすい場所イコール便利な場所であることは当然ですが、宴会の視点から見ると「魅力がある場所かどうか」も大切な要素です。

中でも重要なのは「食べ物・飲み物」でしょう。和洋中、とひとくくりにする言い方がありますが、主だった施設の料飲部門といえば、やはり日本料理・西洋料理・中国料理ではないでしょうか。食材はどこから調達しているのでしょうか。飲み物はどうでしょう。お取引のある、地元の酒蔵など、知っていますか。

何も宴会セールスの人間が料理上手である必要などまったくありません。しかし、自分が売っている料理をまるで理解できていないようでは、お客様に対しても、商品を作るスタッフに対しても、失礼というものです。

宴会の料理には、多くの場合「プラン」があります。

プランは予算に応じて何段階か設けられ、一名様の価格が設定されています。その料金の多寡に応じて、品数が多かったり、使われている食材がカジュアルなものであったり高級食材であったりします。また、その内容は季節に応じて、旬の素材を取り入れて変化したりもします。それは世間一般のレストランと変わりません。それではその一名様の価格は、どう決まっているのでしょうか?

セールス担当は、商材を理解する上で、料理の原価を知っておく必要があります。その原価の積み上げが料理の価格です。そして各料理を組み合わせたものがコースであり、プランなのです。


料理の金額は、宴会の総額の中でも大きな割合を占めるものです。そして当然、お客様には予算というものがあります。宴会実施の予算を見積るとき、まずは一人いくらの予算で契約するのか、規模は何人と想定するのか、開催時期はいつか、どの部屋を使うのか、といった概略を固めながら作り上げていきます。

その際、お客様の予算に応じて調整するひとつが料理です。


その宴会の趣旨や目的は何でしょうか。誰かの誕生日、会社の創立記念、新製品の発表会、叙勲のお祝いなど、いろいろあります。

それに応じて

・当日の主役の出身地の産物を取り入れたい
・来場するのは大切な顧客だから、おいしい料理でもてなしたい
・若い人が多いので、とにかく量を確保して満足してもらいたい
・豪華に見せたいので、品数を多く、嵩《かさ》を増やしたい

など、ニーズもさまざまです。

そこに料理でどう応えていくのか、限られた予算に収めるにはどうしたらよいのかなど、そのような問題点への対応力、解決力が「できる宴会セールス」という評価の指標のひとつです。

プランのメニュー数は減らしたくないけれど、予算が厳しい場合が珍しくありません。そうであれば、牛肉を使う料理（原価が高い）を、鶏肉や豚肉（原価が安い）に差し替えたらどうでしょうか。男性主体の宴会では、デザート（フルーツやケーキ）はあまり食べませんから、量を減らしてもいいかもしれません。

一つひとつのメニューの成り立ち、使われている素材（旬のものや、産地限定のものならなおさら）、そして原価の違いなどをしっかり勉強して、頭に入れておくこと

が大切です。

「そんなことまで？」と思うかもしれません。しかし、セールス担当たるもの、自分が「何を」売っているのかを理解していなくては話になりません。

また、世の中の評判はどうでしょうか。今やインターネットの時代です。ちょっとした口コミはあっという間に検索できます。

どんなお料理やお飲み物がお客様に喜んでいただいているのか、どう評価を受けているのか、常に動向をチェックし、お客様に具体的な提案ができるセールス担当になりたいものです。

宴会の種類を理解する

「何を」「いくらで」売っているか、それだけで理解したとは言えません。

「何を」の中身は何で、どんな風に成り立っているのでしょうか。

「いくらで」の内訳としては、原価や人件費、会場費などがあります。
そう考えると、ひとつの宴会が実にたくさんの要素で成り立っていることがわかります。

スタイル別

「宴会」というと、なんだかお座敷で浴衣を着て、酒を酌み交わしてどんちゃん騒ぎ、という印象を持つ人もいるかもしれません。これが「パーティー」となると、ぐっとおしゃれな印象になるのが、日本語の難しいところです。しかしパーティーも宴会も、私たちの業界では意味するところは同じで、人が集まって会食しながら交流する場のことをいいます。

それでは、いわゆる温泉旅館の宴会とバンケットルームでのパーティーの違いは何でしょうか。それは「スタイル」につきるでしょう。

ここからはごく簡単に、宴会の代表的なスタイルについて説明します。

ディナースタイル（着席形式）

参加者は全員着席して、フルコースのお料理をいただく形式のことです。最も身近なところでは結婚式の披露宴です。ハイクラスなものになれば、宮中晩餐会などもこの形式です。中でも晩餐（夕方から夜にかけて開催されるもの）はおもてなしの饗宴の中でももっとも重要な位置を占めます。そのため、国賓をお招きした時などに盛大に開かれるのが「晩餐会」なのです。次いで格式が高いのは昼餐、つまりはお昼の食事を共にするものです。

いずれにせよ特徴は、椅子とテーブルを用意して、すべての参加者が同じメニューのサービスを受けることです。会食の趣旨や時間帯によって、いわゆるフルコースメニュー（正餐スタイル）なのか、ミーティングなどを兼ねた昼食会や朝食会など、簡単なコースメニューなのかは、ケースバイケースです。

カクテル・ブッフェスタイル（立食形式）

一部の格式の高い宴会や結婚式を除き、現在国内で行われる宴会の多くがこのスタイルです。特に企業宴会などでは、8割以上がこのスタイルといってよいでしょう。一般的に椅子は用意されませんが、出席者に高齢の方やVIPが多い場合は椅子とテーブルを用意するケースもあります。

料理や飲み物はまとめてテーブルに並べられたり、模擬店形式だったり、バーコーナーになっていたりとさまざまです。参加者は自分で好みのものを自分で選んで、欲しいだけ取ってきて食べることができます。

着席形式と違って、参加者が自由に動き回れるため、人と人の交流を深める目的がある場合などに適しています。また、ステージ上でショーや余興を催すなど、プログラムに工夫をする場合もあります。

セダン・ブッフェスタイル（着席ブッフェ形式）

着席式と立食式の両方のスタイルを生かした形式です。料理を自由に選んで、好きなだけ持って来られるのはブッフェスタイルと同じですが、席が確保されているので、比較的落ち着いた雰囲気の宴会になります。

カクテル・サービススタイル（カクテルパーティー形式）

立食形式のひとつです。ディナーの前、日本では午後5時から7時ごろ、欧米では午後7時から9時ごろの時間帯に行われます。

一般的には宴会場の前室やロビー、ホワイエなどを利用して行われ、用意される飲み物はアペタイザー（食前酒）が中心です。食べ物としては一口サイズの可愛らしいフィンガーフード（手でつまんで食べられるもの）やカナッペが提供されます。

パーティー前の待合時間のおもてなしとして、出席者同士が歓談したり、ホスト（主催者）がゲスト同士を紹介したりする場としての役割もあります。

ごく簡略的なパーティーとして簡単なフードとドリンクだけでカクテルパーティーをメインに開催するケースもあります。

オンテーブル・ブッフェスタイル（卓盛り形式）

中国料理でよくみられる形式です。食卓は回転テーブルが用意され、運ばれてきた大皿をゲストが各々で取り分けていただきます。仲間内やグループなどで和気あいあいとした会食に適しています。

カフェテリア・スタイル（カフェテリア式）

あらかじめ料理テーブルに並べられたものから、好きなものを好きなだけ選べるのはブッフェ形式と同様です。違うのは、好きなところへ自由に取りに行くのではなく、トレーを手に一列に並び、欲しい料理の前でよそってもらう形式であることです。

趣旨・目的別

人が集まるには、必ず目的や趣旨があるものです。そしてその目的や趣旨こそが、主催者にとっては最も重要となります。宴会セールスは自社のリソース（おいしい料理や利便性、ホスピタリティ）を提供するだけでなく、目的や趣旨に照らして最善の提案をする必要があります。

一般の宴会や集会

＜学校関係＞

同窓会は同じ学校の卒業生によって開かれる、同窓生の親睦会のことです。クラス会はその中でも同じクラスにいた同級生の集まりを言います。中には学年を越えて集まるクラブ会のような場合もあるでしょう。

謝恩会は卒業のタイミングで開催されます。学校が主催する大規模なものから、ゼミ単位、クラス単位で行う中小規模のものまでさまざまです。いずれも恩師を招待して謝意を示し、卒業を祝う会です。高校生以下の場合は父兄同伴となります。

＜季節にちなんだもの＞

日本は四季折々の移ろいや行事を大切にする国です。

そのため、その時期に応じた宴会が開かれることもしばしばです。

新年会…賀詞交換会など、新年の挨拶を目的とする会です。

納涼会…7月から8月にかけて、夏の暑さを紛らわせて親睦を深める目的で行われます。企業の部課署ごとに行われることもあれば、お得意様を招いて大規模に実施する会社もあります。

忘年会…一年間お疲れ様、の意味を込めた「年忘れの会」です。会社、同窓会、各種クラブ、友人など、規模はさまざまです。

クリスマスパーティー…ホテルや宴会施設が主催するケースや、会社単位や同窓会や各種クラブなどの主催者が会場を借りて実施するケースがあります。

＜節目に際してのもの＞

歓送迎会…企業や官庁、病院、各種団体などの人事異動に伴い開催されるものです。

周年記念…企業や各種団体、病院、学校などの創立から節目の年に行われる記念の集まりです。5周年、10周年など区切りのよい年数に行われます。

受賞会　…文学賞や学術賞など各種受賞を祝う会です。

竣工披露…企業や工場、病院、学校など、比較的規模の大きな建物を新築（改築）した際に顧客や取引先、工事関係者を招いてお披露目する会です。現地にケータリングして行う場合と、ホテルや宴会施設を利用する場合とがあります。

出版記念…著書の出版を記念して、著者の友人知人ほか、関係者を招いて行います。プロモーションの場として設けられることもあります。

落慶法要…寺院が本堂や山門などを新築・改装した際にその落成を祝って行う儀式のことです。現地に出向いて配膳する場合と、ホテルや宴会施設を利用する場合とがあります。

＜家族の慶事を祝うもの＞

ごくプライベートなお祝いの宴席です。

施設の個室などを借り切って行うケースも少なくありません。

子どもの成長を祝う…お宮参り、初節句、誕生祝い、七五三、合格祝い、入園・入学祝い、卒業祝い、お稽古ごとの発表会、入賞祝いなどです。

結婚生活にまつわるお祝い…結婚後、経過した年数に応じて祝いがあります。特に有名なのは25周年の銀婚式、50周年の金婚式です。

長寿の祝い…満年齢60歳での還暦（生まれ年の干支にもどる。子どもに還る、として赤いものを身につける）が代表的です。そのほか、70歳の古希、77歳の喜寿、80歳の傘寿、88歳の米寿…と続きます。

その他…新築祝い、開店開業祝い、昇進、退職祝いなどがあります。

企業の宴会や集会

企業が行う場合、その目的はお披露目、慰労、お得意先接待、表彰など、企業活動に付随してさまざまです。多くの企業宴会は大きな会場で多人数を招待します。

具体的には、就任披露、設立（開業）披露、完成竣工披露、創立記念、優績者招待会（営業成績や業績の優秀な社員を表彰、招待する）、協力者招待（企業の系列特約店や、業績優秀な特約店などを招く）、新製品発表会、展示会や展示即売会、お得意様招待会、学術講演会（製薬会社などが開催する講演会）などがあります。

＜社会奉仕団体＞

ロータリークラブやライオンズクラブなど、各地域に地域協会を設定している社会奉仕団体はたくさんあります。それら団体が催す宴会も少なくありません。

＜各種協会や組合＞

さまざまな目的でつながりを持つ協会や組合は、社会にはたくさんあります。それぞれが理事会や総会を開いたり、イベントを実施したりしています。特に総会は例年5月ごろに開催されることが多いのも特徴です。理事会は理事のみが出席、総会は協会員・組合員が全員参加であるケースがほとんどです。

＜その他＞

朝食会・昼食会…経済団体や政党の議員、企業の管理職などが、時間の取りやすい朝や昼を利用して行う会議や懇親会、連絡会などです。

チャリティパーティー…企業や各種団体が災害や事故からの復興支援、あるいは社会福祉、開発途上国への援助、戦争難民の救済、野生動物保護への援助など、社会的意味のある目的のために会費の一部を募金したり、またはオークションを開いて売り上げを寄付に充てたりなど、資金を集めるために開かれるパーティーです。

ブライダル

ホテルや式場、会館など宴会施設の中でもブライダルは特異な位置づけのイベントです。神社や寺院に付随する結婚式のための会館も珍しくなく、ホテルや式場の収入源の中でもブライダルの占める割合は決して小さくありません。

ブライダルにまつわる宴会としては、以下のものが代表的です。

〈お見合い〉

間に人を立てて、結婚相手候補と家族同士で対面する、あるいは当人同士が会合を持つスタイルが一般的です。昨今はお見合いパーティーのように、複数の男女が集まってパートナーを探す形式も増えてきました。

〈結納（顔合わせ）〉

結婚することを決めた二人が、やがて親族となる両家の顔合わせをする場です。古くからある儀式としての「結納」は地方ごとにしきたりが異なり、仲人を立てる場合と、立てない場合もあります。

儀式を省略して顔合わせ目的の会食だけを行うケースもありますが、儀式をきちんと行いたい場合は、しきたりを会場に相談してくるケースも珍しくありません。冠婚葬祭全般について勉強しておくことも大切です。

〈挙式・披露宴〉

いわゆる「結婚式」です。挙式は新郎新婦が夫婦となることを誓いあう儀式です。日本では神前式、仏前式、キリスト教式、人前式などがあります。

それに続けて開かれるのが、結婚したことをお披露目する結婚披露宴です。着席ディナー形式が主流ですが、最近はさらにくだけた雰囲気の一・五次会と呼ばれるスタイルも多いようです。

コンベンション

コンベンションとは、特定の目的を持ったたくさんの人たちが一堂に会して目的に応じた活動をすることで、集会や大会、会議などを指します。

各種国際会議、諸団体の会議、学術会議や学会がこれに当たります。会議の後に懇親を目的とした宴会が開かれることもしばしばです。

その他

セミナー…政党や政治団体、企業が実施する勉強会や研究会、講演会などです。規模や目的に応じて数日にわたることもあり、親睦のための宴会が開催されることも珍しくありません。

説明会…製品の使い方、活用の仕方の説明を行う商品説明会のほか、入学希望者を招く学校説明会、就職希望者を招く会社説明会、団体旅行前に開催する旅行説明会などがあります。

記者会見・発表…有名人の婚約や離婚はテレビでおなじみですが、そのほかにも政治家や学者、芸術家などが重要な発表をする際、報道関係者を招いて開く会見のことです。目的に応じてもてなしの席が設けられ、おみやげが配られることもあります。

ショー…歌手やタレントを呼んでのディナーショーは、舞台設備やタレントの報酬、衣装、料理、飲み物も含めて比較的高額な商品になります。ホテルや宴会施設が主催する場合もありますが、企業などが主催するケースもあります。

ブライダルフェア…施設での結婚式を受注するためやブライダル商品の販売促進のために、施設側が主催して開催します。式場や会場をアピールし、衣装や料理、テーブルセッティングや会場装飾などをプレゼンテーションする場です。新郎新婦のモデルを使ってのファッションショーや、料理の試食会は人気があります。

葬儀や法要…高齢社会を迎えた今、葬祭市場は、今後拡大傾向にある市場といえるでしょう。葬儀は一般的に寺院や専門葬祭場で行われますが、社葬や団体葬、有名人の個人葬などがホテルや宴会施設などで開かれることもあります。葬儀そのものは家族葬や密葬などで故人の宗教の儀式に則って行い、後日「偲ぶ会」や「お別れ会」として、故人を偲ぶ人々がつどい、宗教によらない会が催されることもあります。法要は四十九日や一周忌、三回忌などで、一般的には寺院で行われますが、会場をホテルや宴会施設にするケースもあります。また法要後に会食を行う場合、ホテルのレストランや宴会施設が利用されることもあります。

サービスのプロフェッショナルたち

ブライダルコーディネーター

ブライダルコーディネーターとは、お客様のニーズを汲み取り、挙式・披露宴に関する文化・慣習等の担い手としてそれらを考慮しつつ、各種分業の壁を越えて幅広い関係者をコーディネートし、お客様に合ったブライダルサービス・商品等を提供する総合エキスパートです。

ブライダル業界では、「ブライダルコーディネーター」「ブライダルプランナー」「ウエディングプランナー」「ウエディングプロデューサー」など様々な名称で呼ばれていますが、技能検定では、「ブライダルコーディネーター」としています。

ブライダルコーディネート技能検定は、厚生労働省より指定された公益社団法人日本ブライダル文化振興協会が実施する国家検定です。ブライダルコーディネート技能検定には、1～3級の等級区分があり、学科と実技によって審査されます。

公益社団法人 日本ブライダル文化振興協会（ＢＩＡ）
〒104－0028　東京都中央区八重洲2－10－12国際興業第2ビル6F
TEL：03－6225－2611　FAX：03－6225－2616

第3章　「スタッフ」を売る

宴会では、「何を」売るのでしょうか。
それは部屋や食べ物、飲み物だけではありません。
「スタッフ」も商品として大きな要素です。

例えば、お花見だとかピクニックならば、料理を持ち寄ったり、レジャーシートを買ってきたりして成立もするでしょう。けれど、あなたが「商材」として扱う宴会は何百万円もするはずです。当たり前の話ですが、何百万ものお金をいただく商品は、たくさんの人の手で作られています。

宴会の代金はおおまかにいうと、会場費と料理代、そして飲み物代です。そしてそれを運営させるためには、実にたくさんの人がかかわっているのです。

自分が何を売っているのか、それがどう作られているのか、どんな業種の営業であれ、商品が理解できていない人から買おうというお客様はいません。

自社にはどんなリソース（資源）があるのかを理解することが大切です。

そしてそのリソースを活かして、クライアントのニーズに臨機応変に対応しなければなりません。

それができるかどうかは、セールス担当が各部門のスタッフと日ごろからコミュニケーションをとっているか否かにかかっているのです。

宴会セールスは「総力戦」

まずは、宴会成功のために一緒に戦ってくれる仲間を、きちんと理解することから始めましょう。

あなたが新人のセールス担当であったなら、周囲の人々は全員、先輩でしょう。自社の社員に限らず、外注企業から派遣されているスタッフ、お取引先の社員さんなど、経験豊かな先輩たちに囲まれているはずです。

一番下っ端の時代に上の人たちを動かそうとすると、それはそれは大変です。下手をすると「生意気」だと思われて、疎まれることにもなりかねません。

確かに若いころの努力は、見当外れだったり、ずれていることに気づかずに突っ走ったりしがちなものです。しかし「理解しよう」とする姿勢が真摯であれば、きっと周囲は認めてくれるはずです。

逆に、何もわかっていない人間がどんな意見を振りかざそうと、説得力はありません。勉強し、状況を理解し、その上で慎重に考えて、確かな裏付けのある意見を、よいタイミングで提案できれば、それは仲間の意見として受け入れられるでしょう。

宴会を支える組織

目に見えて立ち働くサービスクリエーター（スタッフ）や調理人だけでなく、見えないところでの何百という要素も含まれて出来上がっている、それが宴会です。

会場の決定や設営はもちろん撤去に至るまで、さまざまな要素の組み合わせであるため、それぞれを受け持つ部署が業務を分担します。

まずは、宴会を後ろで支える組織について理解しておきましょう。

料飲支配人・料飲部長

料飲支配人は料理や飲み物について包括的に管理する立場で、料飲部門全体の責任者という重要なポジションです。各宴会の受注状況や施行状況のチェック、レストランやカフェ、ラウンジなどの巡回、各部門の売り上げの把握、クレーム対応など、その業務は多岐にわたります。

宴会支配人・宴会課長

宴会をささえるあらゆる部門（調理部門、サービス部門など）の相互コミュニケーションを図り、円滑に業務を進め、よりよいサービスが提供できるようにするのが宴会支配人の役割です。大きな宴会になればなるほど、複数の部門の連携が不可欠です。

もちろん、営業支配人として営業成績の把握、目標達成への促進、組織運営上の人員配置や人事考課、コスト管理など宴会にまつわる管理のすべてに責任を持ちます。

宴会セールス

ずばり、この本は宴会セールスのために書かれています。「宴会」という商品を売る営業担当、それが宴会セールスです。

新規顧客の開拓、お得意様の維持管理、アフターケアに至るまで、宴会営業のすべてに携わるポジションです。

宴会予約・ブッキングコントロール

受注した宴会予約の整理や会場の空き状況の把握や調整など、時間と場所をコントロールするのが宴会予約（宴会コントロール）の業務です。自社にいくつの部屋があるのか、個室があるのか、パーテーションで仕切れば何部屋になるのかを把握します。

また、いつどんな宴会が予定されているのかも把握して、開始時間を微妙にずらしてロビーやホワイエに人があふれるのを防いだり、同じ日にライバル企業の催しがかち合ったりしないように時間的・空間的調整をする、まさに予約状況のコントローラーです。

宴会フロアマネージャー

宴会専門の施設（宿泊を伴わない施設）では、このポジションがない場合もありますが、ホテルのように宿泊、飲食（レストランやラウンジ）、宴会など部門が分かれている場合は、宴会場フロアの責任者がいて、フロアマネージャーといいます。

フロアマネージャーは担当する階で行われる全宴会の設営から撤去を管理監督し、各宴会を仕切るサービスキャプテンに指示を出す立場にいます。

現場を創生するスタッフ

特にサービス部門と調理部門、そして司会者についてはページを割きました。この3つの要素の、どれが欠けても宴会は成功しないからです。

そして、これらのスタッフが順調に役割を果たし、最大の成果を上げられるよう全体を統括するのも、「宴会セールス」の責任でもあるのです。

もしあなたが一件、宴会を受注したら、たとえ新人であってても大ベテランのキャプテンや調理部門に指示を出すのはあなたです。顧客を満足させ、その宴会を無事に成功させるのに、あなたが新人であることなどなんの関係もありません。

サービス部門

サービスクリエーター（スタッフ）は、宴会をクリエイトするために、参加者を対象にあらゆるサービスを担当するスタッフのことです。お迎え、ご案内、受付、クローク、料理を運ぶ係、飲み物を提供する、空いた皿を下げる、といったサービスが会場全体に行き渡るよう、効率よく配置され、てきぱきと動きます。

参加者に「いい宴席だった」という印象を残すためにも、彼らの働きは重要です。宴会は無事に済んで「当たり前」ですが、それは「簡単」には成し遂げられません。サービスクリエーター（スタッフ）が黒子として、手際よく動いてくれるからこそなのです。

例えば、そろそろ乾杯前のスピーチが終わろうというのに、会場のお客様の手元に飲み物が行き渡っていなかったら、どうしましょう。各テーブルに使い終わったお皿が山積みになっていたら、見苦しいものです。それを未然に防ぐには、サービスクリエーター（スタッフ）の能動的な働きに頼るしかありません。

加えてサービスクリエーター（スタッフ）は、どんなにあわただしくても会場を走らない、問い合わせには的確に答える、笑顔を絶やさないなど、プロとしてのホスピタリティも備えています。

キャプテン（ルーム責任者）

そしてそのサービスクリエーター（スタッフ）を統括し、司令塔になるのがキャプテンの役割です。キャプテンは現場のサービスの責任者ですから、当然あらゆる経験をしてきたベテランが務めます。

宴会開始の前には、スタッフが集まってミーティングをします。そこでキャプテンは、宴会の趣旨、人数、ＶＩＰの有無、必要な対応、出される料理と飲み物、宴会のプログラムなど、その宴会のすべてを把握し、スタッフに的確な指示を出します。

その彼らが責務を全うするために必要な情報は、すべて宴会セールスが用意しなければなりません。事前打ち合わせで必要十分な情報を渡すこと、質問に答えられること、それが宴会セールスの基本的な条件です。この必要十分な情報については、第5章「打合せ」で一例を紹介します。

その情報を基に、微に入り細に入り準備万端整えて、当日その場をスムーズに運営し、成功裡に終わらせるのが、キャプテンの責務です。

＜トラブルの対応＞

準備万端で臨んだとしても、酔っぱらったお客様の間でトラブルが起きたり、誰かが倒れたり、というアクシデントは起こります。ただし、キャプテンはサービスには責任を持ちますが、お客様同士あるいはお客様自身のトラブルに関しては責任を持ちかねます。

そこで幹事さんにすぐに報告がいき、幹事さんはその場での判断が求められます。そんなとき、幹事さんを支えるのも宴会セールス担当の仕事です。とはいえ、経験豊富なキャプテンならば、知恵を貸してくれるかもしれません。

ある宴会で、つい飲みすぎたのか高齢の列席者が突然倒れたことがあります。当然、その場は騒然となりますが、会場のサービスクリエーター（スタッフ）はさっと集まって倒れた人の周りに人垣を作りました。それも、倒れた人に背中を向けるようにぐるりと囲んだのです。これなら野次馬がのぞきに行こうとしても、どの方向もサービスクリエーター（スタッフ）が向いていますから、じろじろ見にくくなります。

そして、倒れた方の状況を判断して、救急車を呼ぶのか、別室へご案内して休んでもらうのか、幹事さんと宴会セールスとで判断して迅速に行動しました。

こうした「とっさの動き」ができるのも、経験豊富なキャプテンやサービスクリエーター（スタッフ）がいればこそです。宴会セールスも、彼らがどんな動きをし、どう判断しているかをじっくり観察してみましょう。そして彼らがどんな仕事をしているか、しっかり理解しておきたいものです。

調理部門

言わずと知れた、宴会の重要な要素、料理を作る担当です。

昔はともかく、今の調理部門は目指す目標に向かい、どんどん近代化されています。

単なるキャリアだけでは評価されません。ブライダルなど高額料理を求められる場合は、お客様の方が詳しい場合があります。知らない料理は学び、オリジナル料理にも柔軟な対応が求められています。

宴会セールスは、常に調理場の動向を観察することが大切です。あなたは自分の施設の厨房に入ったことはあるでしょうか。そこで料理や飲み物の打ち合わせをしながら、宴会の構成や進行を共有しましょう。これにより交流が生まれる事も珍しくはありません。

実は調理場も、外の動きを知りたいのです。料理を出す順番、タイミング、味や量の評価を知りたいのです。ぜひ積極的に交わってください。

厨房への理解で大切なのは「時間」です。どの料理にはどれくらい時間がかかるか、どの料理はすぐ出せるか、出来上がるまでにかかる手間と所要時間を把握しておきましょう。

立食パーティーでは、思いのほか評判がよくて、想定より早いペースで料理が無くなってしまった時に、追加の注文が発生する場合があります。

予定外の料理を突然頼まれたならば、
・どのメニューなら、出せる（対応できる）のか
・発注から実際に宴会場に出すまでの所要時間はどのぐらいか
・他の宴会が入っているときと入っていないときでどう違うのか（厨房の混雑具合）
そうしたことを、ご自分の施設の調理部門に確認してみましょう。

司会者

宴会やパーティーの司会進行をする人も、スタッフの一人です。自社に司会者を抱えている施設は少ないでしょう。司会やエンターテインメントの派遣会社から派遣されてくるプロであることがほとんどです。しかし、司会者は実は責任重大なポジションです。サービスクリエーター（スタッフ）の指揮者がキャプテンなら、司会者は宴会全体をコントロールする立場だからです。

司会者といえば、声がよくて発音や滑舌が明瞭で…というイメージかもしれませんが、宴会セールスの観点からすれば、司会者にとって最も重要なミッションは「時間管理」です。

ごく一般的な企業宴会のプログラムを考えてみましょう。

・受付開始
・列席者がそろう
・開始時間になると、司会者が開会を宣言
・会の趣旨によるが、主催者（代表）挨拶
・来賓の挨拶
・乾杯のスピーチとご発声
・乾杯
・食事開始・歓談
・余興や中間のプログラム
・歓談（食事が終盤に向かう）

・閉会の挨拶
・閉会・引き出物やお土産を配りながら解散
こういった流れでしょうか。

宴会の時間は決められていますから、その間のプログラムは時間配分が大切になります。それを進行するのが司会者です。


とはいえ、プログラムの進行には予想外のハプニングがつきものです。スピーチが長引くことは誰しも経験のあることでしょう。全部で何人にスピーチをお願いしているのかにもよりますが、一人ひとりが5分ずつ伸びただけで、全体が30分、40分と影響を受けることもあります。

スピーチが長引いたら、いきなり遮るような失礼なことはせずに、スピーチの内容に相槌を打つようにしながら上手に切り上げさせるテクニックを持っているのもプロの司会者です。逆のパターンもあります。緊張のあまりしどろもどろになるスピーカーをうまくフォローして、恥をかかせないように配慮することもできます。

また、ひとつの会場に数百人もの人が集まる大きな宴会の場合、それだけたくさんの人たちをうまく誘導するのも司会者です。

例えば料理のどこか一か所に人が集中しすぎている場合に、ほかに注目すべきポイントを作って、さりげなくお客様をそちらへ分散するよう促します。

場数を踏んだ経験豊富な司会者なら、キャプテンとアイコンタクトをとりながら、会全体の流れに緩急をつけながら進行してくれるはずです。

＜非常時の対応＞

そして、こうした「統率力」ともいうべき能力が、最も発揮されるのは「非常時」「緊急時」です。火災や地震など、災害に見舞われることも想定しておかねばなりません。大勢が集まった場所でパニックが起きると、二次災害にもつながります。そんな時に優れた司会者は、人を落ち着かせ、束ね、冷静な行動を促すことができます。

芸能人がゲストに登場するような豪華な宴会、あるいはマスコミの取材が入るようなパーティーが催されることもあります。そんな時、司会者にはテレビ局の現役、あるいは元アナウンサーが就くこともあります。アナウンサーだからといって、ここでご紹介したような「宴会の経験」が豊富とは限りません。顔ぶれが派手か地味か、そんなことよりも大切なのは宴席が無事に進行すること、そして主催者や列席者に満足してもらえることです。

宴会セールスは、担当した宴会には必ず立ち会います。その際にはあらゆる司会者の仕事ぶりをしっかり観察しましょう。上手な人はどこが上手だったのか、下手な人は何が下手だったのか、人への接し方、言葉の選び方など、司会者から学べることはたくさんあります。

宴会セールスの強い味方になってくれる司会者がいれば、こんなに心強いことはありません。集まる顔ぶれや会の趣旨に応じて司会者を推薦できるようになれば、それこそ一人前の宴会セールスといえるでしょう。

レセプタント

レセプタント、というとピンとこない人もいらっしゃるかもしれません。パーティーコンパニオンという言い方のほうが、わかりやすいでしょうか。担当するのは主に女性であり、派遣会社から派遣されてくるケースがほとんどです。

宴会に華やかさを添える仕事だと思われがちですが、業務はなかなか多岐にわたります。宴会参加者への接遇（接待）が中心であることは間違いありませんが、ただ立ってニコニコしているわけではありません。

サービスクリエーター（スタッフ）の補助として、空いたお皿をまとめたり、下げる手伝いをします。体の不自由な方の代わりに料理をとってきたり、簡単な会話であれば話し相手になることもあります。

また、英語やフランス語、中国語など、外国語が堪能なレセプタントはそれだけ報酬も高額になりますが、国際会議など外国人の参加者がいる宴会では非常に頼りになる存在です。

一流のレセプタントともなればマナーは完璧で、ホスピタリティ（参加者を案内したり、ケアしたり）にも優れています。

例えば、宴会に高名な政治家や学者が参加する場合やＶＩＰが高齢な場合など、ＶＩＰ席を設けてレセプタントをつけることもあります。立食形式の場合などはＶＩＰ席を確保し、ＶＩＰのお世話全般（料理や飲み物のサービス、移動の介助など）をお願いします。

どのゲストももちろん大切ですが、特に目配りや配慮の必要な方がいる場合、女性ならではの細やかさと、やわらかな対応でおもてなしできるのは大きなメリットです。

ブライダルのスタッフ

施設にもよりますが、ブライダル（結婚式）は売り上げの大きな割合を占める一大ジャンルです。ブライダル産業という言葉があるとおり、それだけでひとつの市場を形成しているともいえます。昨今、ブライダルも個性化が進み、式も披露宴も、型にはまらないスタイルを望む人が増えてきました。それでも、ブライダルにはブライダルにしかない職種・スタッフがいます。あなたの施設にブライダル部門があるならば、ぜひ、そのスタッフが何をしている人たちなのか把握しておきたいものです。また、スタッフと直接会うことはないかもしれませんが、結婚式を構成する商品も紹介します。

コーディネーター（プランナー）

ブライダルに特化した婚礼宴会担当のことをこう呼びます。結婚式を希望するカップルに対して、自社のサービスをアピールし、宴会を受注します。打ち合わせ業務では当日に至るまでのあらゆる要素に携わり、当日も順調な施行の手伝いをします。

アテンダント

主に花嫁に付き添う、介添えのことを言います。ウエディングドレスも和装も、普段の洋服とはくらべものにならないほどのボリュームと重さがあるものです。当然、着慣れている人などいませんから、身動きひとつにも不自由します。

当日はお仕度からお開きまでいつも花嫁のそばにいて、立ち居振る舞い（立つ、座る、歩くなど）の補佐をしたり、ご本人の体調を気遣ったり、次の行動を促したりします。

結婚式に向けて無理なダイエットをしていたり、当日寸前まで準備に追われていたりなど、体調不良を押して出席している花嫁は珍しくありません。主役が倒れたりしたらそれこそ大変です。また、当日は感動や緊張で感情的になったりすることもあり得ます。そんなとき、お母さまやご親族の代わりに花嫁に寄り添い、励まし、少しでも異常があれば周囲に伝えて適切な対処ができるよう努めるのが、アテンダントです。

衣裳スタッフ

最近は衣裳の持ち込みを希望するケースも増えていますが、自社経営の衣裳部門や提携店で新郎新婦や親族の衣裳を提供することが大半です。

結婚式は新郎新婦の「社会的承認の場」です。ゆえに花嫁衣裳は自分の好みや華やかさだけではなく、ゲストに好印象を与えるということも求められます。そうした視点も加えながら提案をしていくのが、衣裳スタッフです。

ヘアメイク

非日常的なウエディングドレスや花嫁衣裳を着るのですから、ヘアメイクも普段通りというわけにはいきません。花嫁は結婚式の何時間も前から会場に入り、衣裳にあったヘアメイクを施します。その担当者がヘアメイクです。

施設によっては、ヘアメイクがアテンダントのように付き添うケースもあります。お化粧崩れを手早く直してあげたり、汗を拭いてあげたりするだけでなく、直接花嫁の肌に触れる立場上、体調の変化などに気づきやすいポジションでもあります。

また、最近はリハーサルメイク（当日よりも何日か前に衣裳を試着し、当日どのようなヘアメイクにするか事前相談すること）や、写真の前撮り（当日の記念撮影とは別に新郎新婦で写真を撮ること）をするカップルが増えています。ただでさえ緊張する結婚式ですから、そうした事前の動きにも同じヘアメイクさんが担当につくことで人間関係もでき、当日はより落ち着いて過ごせるというメリットもあります。

フローリスト

結婚式にはお花がつきものです。会場の入口、各テーブル、室内全体を装飾する会場装花はもちろん、花嫁が手にするブーケやヘッドドレス（髪飾り）、花婿の胸元に飾られるブートニアなどをコーディネートして作成するのも、フローリストやフラワーデザイナーの仕事です。たいていは提携する企業であったり、自社経営の生花部門だったりします。

会場全体をテーマカラーで統一したり、お色直しのドレスに合わせてコーディネートしたり、フローリストの活躍の場は多彩に広がっています。

映像

お仲人のいない結婚式が当たり前となった現在、新郎新婦の紹介をする「生い立ちビデオ」や、新郎新婦のお礼の言葉を代弁する「エンディングロール」などの映像が披露宴で流されることが、一般的になりました。

視覚に訴えることで親やゲストに新郎新婦の思いが伝わり、その後家族の財産にもなるのも、人気の高い理由でしょう。

映像をスタートするタイミングは、キャプテンや司会者との共同作業です。

音響

最近の新郎新婦は楽曲への造詣が深く、ブライダルフェアなどでの模擬披露宴で流れる音楽で、その施設のセンスがわかるという声まで聞こえてきます。

そう現状を鑑みると、単に音楽が詳しいといったレベルの提案では新郎新婦の満足は得られません。例えば一つの楽曲であってもコピーしているアーティストや、何種類ものアレンジを紹介できる音楽事務所のプロの存在は、とても大きいものです。

音楽をスタートさせるタイミングも、キャプテンや司会者との共同作業です。

写真

写真は「祝福に包まれた時間」を後世まで残す、家族の財産です。

最近は、デジタル写真を二次加工することにより、撮った写真をより美しくする技術が一層求められるようになりました。新婦の「写真エステ」では、お肌のくすみやニキビ跡などを消し、二の腕やあごのラインをすっきりと修正します。集合写真の全員の顔がきれいに認識できるように調整することも、当たり前のこととなっています。

ビデオ

結婚式の一日の流れに沿って写真を撮る「ドキュメントスナップアルバム」の台頭により、ビデオと写真のどちらを選ぼうか悩む新郎新婦が増えてきました。

しかしながら大切な人の肉声を残すことは、結婚後時間が経てば経つほど貴重なことだと気づくものです。写真が思い出の一瞬を切り取るものであれば、ビデオは思い出をそのまま残せるものです。

引き出物

地域によっては、大きな引き出物を重用しています。しかし披露宴後に二次会を企画する新郎新婦が増えてきて、重くてかさばる引き出物は敬遠されようになっています。またゲストの好みが多様化していて、一括して品物を選ぶのは難しくなってきました。

そこで今はカタログギフトが多くなり、内容も体験型など多彩になってきています。引き出物の目録をゲストの席に置き、実物は結婚式当日の夜、もしくは期日指定で直接ゲストの自宅まで配送するという商品もあります。

引き菓子

最近は年齢層や家族構成によっていくつかの種類を準備するケースも増えています。地域によっては引菓子に加えて、名披露目・花嫁土産などといった一品が加えたり、鰹節やかまぼこなどをつけたりするところもあります。それぞれにきちんとした意味やいわれがあるので、丁寧に紹介したいものです。

それは受注にもつながりますが、文化の伝承という大切な役割もあるからです。

スタッフの「付加価値」を高める

シェフ

調理は、西洋料理・日本料理・中国料理・デザートと、担当が分かれていることがほとんどですが、各料理の料理長はどんな人で、どんなメニューが得意でしょうか。どこで修行した人でしょうか。パティシエも同じです。

自社に素晴らしい料理人がいるのであれば、それは立派なセールスポイントです。パーティーで、真っ白なコックコートに身を包み、肩にエシャルプ（懸章）を付けたシェフがスポットライトを浴びて登場したら、それはそれは威厳のあるものです。それだけでお客様は「素晴らしい料理でもてなされた」と感じる、立派な演出です。しかも、お金はかかりません。

シェフやパティシエが海外に派遣されたり、国内外の賞を取ったりしたキャリアがあったら、それを活かす企画を立てていきましょう。彼ら彼女らは自分で宣伝する事はできません。お客様の評判が唯一の評価です。

レストランサービス技能士

サービスにおいては、技能検定制度があります。技能検定制度とは、働く上で身につける、または必要とされる技能を一定の基準により検定し、これを公証する国家検定制度です。職業能力開発促進法に基づき、昭和34年度から実施されています。技能検定に合格すると合格証書が交付され、「技能士」と名乗ることができます。

サービススタッフとしての技を対外的にアピールできる資格としては「レストランサービス技能士」という技能検定制度があります。一般社団法人日本ホテル・レストランサービス技能協会（ＨＲＳ）が厚生労働省から委任されて実施する国家検定です。

具体的には実務経験1年以上から受検できる3級から、実務11年以上または2級合格から4年以上の経験を要する1級までの3段階があります。すべてのグレードに学科試験と実技試験があり、実技試験は学科試験合格者のみに受検資格が与えられます。

学科試験科目には、食品衛生や公衆衛生に関する知識、料飲全般、食材の知識、調理法に関する知識、飲み物の種類と特徴、そして本書にも紹介したような、宴会の種類や運営の知識が問われます。食文化全体にわたる幅広く詳細な知識が要求され、食品をサービスする上での安全管理や関連法規についても学ぶ必要があります。

実技試験は、接客マナーはもちろん、テーブルサービス、テーブルセッティング、伝票処理などの実務、英会話やフランス語でのオーダーテイクなどまでが含まれます。

こうした資格は、飲食サービス業に携わる人間の経験を評価し、技量と知識を推し量るもので、社会的に認められた客観指標でもあります。

ブライダルコーディネーター

ブライダルに関しては、コーディネーターに対して「ブライダルコーディネート技能検定制度」があり、厚生労働省より指定試験機関として指定された公益社団法人日本ブライダル文化振興協会（ＢＩＡ）が実施する国家検定です。ブライダルコーディネーターとは、お客様のニーズを汲み取り、挙式・披露宴に関する文化・慣習等の担い手としてそれらを考慮しつつ各種分業の壁を越えて幅広い関係者をコーディネートして、お客様に合ったブライダルサービス・商品等を提供する総合エキスパートです。

具体的には、ブライダル事業関連業務に従事している者及び従事しようとしている者が受検できる3級から、7年以上の実務経験を有する者・2級の技能検定に合格した者でその後2年以上の実務経験を有する者・ブライダルコーディネーター養成講座を修了し2年以上の実務経験を有する者などの条件を要する1級までの3段階があります。この検定もすべてのグレードに学科試験と実技試験があり、実技試験は学科合格者のみに受検資格があります。

学科試験はサービス同様に結婚式の歴史や文化に加え、結婚式をコーディネートする上で必要な宴会サービス、衣装、花、音響、写真など、婚礼文化を俯瞰した、幅広く詳細な知識が要求され、実技試験では問題解決や提案なども求められます。

このようにレストランサービス技能士やブライダルコーディネーターなどの国家資格を持つスタッフは、全国のホテルや施設にこれからもたくさん増えてくるでしょう。

その存在と役割をお客様に伝える役目も宴会セールスは担っています。そのためにも何を学び、何ができるのか、直接聞くことから始めましょう。

サービスのプロフェッショナルたち

ソムリエ

ソムリエとは飲食、酒類・飲料の仕入れ、管理、輸出入、流通、販売、教育機関、酒類製造のいずれかの分類に属し、酒類、飲料、食全般の専門的知識・テイスティング能力を有するプロフェッショナルを言います。

（一社）日本ソムリエ協会では、飲料の普及、公衆衛生の向上に資することを目的とし、シニアソムリエ、シニアワインエキスパート、ソムリエ、ワインエキスパートの資格試験を実施しています。

また２０１７年から日本酒に関する知識を深め、技量を向上させることが日本の食文化のより一層の普及と向上に繋がるものと考え、日本酒に特化した認定制度であるＪ・Ｓ・Ａ・ＳＡＫＥ ＤＩＰＬＯＭＡの資格試験を実施し、またＪ・Ｓ・Ａ・ＳＡＫＥ ＤＩＰＬＯＭＡの資格制度を海外に広く広めていくために2018年より英語で受験できるSAKE DIPLOMA INTERNATIONALの認定試験も実施しております。

全国各地でワインや日本酒等の飲料に関するセミナーを開催し、アルコール飲料の普及にも努めています。

一般社団法人 日本ソムリエ協会（JSA）
〒101-0042 東京都千代田区神田東松下町17-3 JSAビル2F
TEL：03-3256-2020 FAX：03-3256-2022

第4章　宴会セールスの営業戦略

この章では、前章までの「誰に」「何を」売ればいいのかという理解を踏まえて、どんな戦略を展開すればよいのか、営業ノウハウに話題をシフトしたいと思います。すべての会場は条件が違います。そこのメリットを活かし、デメリットを最小限にすることは、宴会セールスの知恵と工夫にかかっています。

追い求める営業

営業職である以上、売り上げ目標はあります。個人、部署、そして会社全体の売り上げ目標があり、必達すべく日々努力します。

宴会サービスの売り上げはすぐに数字に表れるものから、数年後に受注できる大型の案件まであります。毎日の数字を追いかけるのは当然ですが、表に出ない営業こそ大切です。

お得意様の規模や景気動向にも左右されます。例えば新商品の発表会を依頼されたとしましょう。我々としては、自社の広報と連動して効果的な発表会のお手伝いをすることで、広く商品を認知していただき、商品の売り上げが上がるよう懸命に努めます。結果、売り上げ達成のパーティーを受注する、ということもあるでしょう。

時間はかかりますが、お得意様と一緒に成長する、そんなサクセスストーリーを考えながら楽しむ営業をすれば、後から数字はついてくるでしょう。

目標に追い込まれる営業から、目標を追い求める営業への脱皮です。

楽しめる営業

何かお手伝いができないか、そのための提案を常に考える習慣が身につければ、営業を楽しめます。

例えば、毎日見るテレビや新聞、ネットの情報、ラジオや雑誌は、まさにヒントの山に見えてきます。それを楽しめるようになれば、あとは自社の条件に落とし込む作業です。

ブライダルフェア

大規模なブライダルフェアがある場合、宴会セールススタッフが応援に駆り出されることもあります。婚礼宴会も、基本は一般宴会や企業宴会と同じです。接客の簡単な流れは、スタッフに教えてもらいましょう。

宴会セールススタッフは、自社の会場や料理などの説明で日頃鍛えているセールストークが活きてきます。普段外回りをしている強みで、ライバル施設との具体的な比較や、自社ならではの提案もできるでしょう。

宴会セールスならではの強みを活かして営業を楽しみ、まずは仮予約まで目指しましょう。

お客様に寄り添った提案

個人であれ法人であれ、宴会セールスは、お客様の代わりに宴会の準備をして、施行するのが仕事です。そのためには、お客様のことをよく知ることが第一です。

まずはお客様をよく観て、よく聴くことです。言語の情報だけでなく、非言語の情報も得るようにしましょう。例えば目の動きや声の抑揚などからも、本音を読み解くことができます。五感を働かせて、観て、聴くのです。

こちらの対応としては、相づち、間の取り方、繋ぐ言葉などを丁寧に考えます。可能性のある提案書を出し、その際にお客様のリアクションを注意深く観察しましょう。それを繰り返すことで、お客様に寄り添った企画提案ができるのです。

情報の集め方

ロータリークラブ　ライオンズクラブ

宴会場は、セールス担当にとっては情報の宝箱でもあります。あらゆる階層のお客様が集まってくるからです。

例えば定期的に開催されるロータリークラブやライオンズクラブの会合や宴会は、街の有力者が中心です。メンバーもほとんど固定されているので、セールス担当とは旧知の仲でしょう。開催の前か後にお時間をいただいて、ご挨拶ついでに情報交換をさせていただきます。これならばお客様も抵抗がありません。

気をつけなければいけないのは、お客様にとってのライバルの存在です。仕事やプライベートでしのぎを削っている場合、どちらも自分を第一に考えてほしいものです。ご挨拶をする時間帯をずらしたり場所を離したりして、どちらの気分も損ねない工夫を心がけます。

新聞の活用

現在はSNSを駆使して一次情報を集めることが多いようですが、果たしてプロはこれでよいのでしょうか。

私は地元の新聞と全国紙の地域版の購読をお勧めします。そして大きな記事よりも小さな記事に注目します。宴会企画のヒントは、こんなところにあるものです。

特に地元の新聞記者は都道府県の発行のエリアをくまなく取材しており、赤ちゃんの誕生から入学、結婚、お悔やみまで、フォローしています。つまり地元紙は人生を追いかけている記録媒体なのです。企業の小さな出来事の情報も追いかけて記事にしており、宴会需要のヒントが満載です。これを活かさない手はありません。

SNS

とはいえ、世はSNS時代です。インスタ映えがものの売り上げを左右するほどになりました。口コミやネット上での情報拡散が経済活動に影響していることは、誰もが知っていることです。しかし、ただぼんやりと「ツイッターで拡散」「フェイスブックで共有」とだけ考えていても、効果はありません。

例えば、クリスマスの時期になるとディナーショーや歌謡ショーなどを企画する施設も多いでしょう。クリスマスのディナーショーでは、通常と同じコース料理であってもクリスマススペシャルであったり、またショーを楽しみながらという付加価値があったりすることで、通常よりも高い価格をつけることができます。

そうしたイベントの場合、料理はもちろんのこと主眼であるショーがどれだけ魅力的であるかにかかっています。有名人を呼ぶショーの場合、その人をキャスティングした時点で、ある程度見込めるチケットの売り上げというものがあります。熱心なファンは、そのタレントのディナーショーのスケジュールを把握していますし、ファンクラブなどを通して一定の売り上げを見込めます。その意味では、タレントを起用する時点で見込みの高い仕事ともいえます。

もしファンクラブ以外の人の比率が高く、その人たちが情報源としてSNSを活用したとしたら、それはインフラとして今後も期待できます。浮動票を取り込むには、彼らの情報源を知ることが大切です。

一方、あまりにSNS頼みなのも問題です。

SNSには拡散力があるので「知ってもらう」には有効です。しかし、そこから先、「来てもらう」力まで持ち得ているわけではありません。ディナーショーがあることは知ってもらえたとして、申し込みをする、来てもらう、というアクションに結び付くのは、やはり人と人のつながりなのです。

ディナーショーがあることを知らしめるだけでなく、ネット上で仲間ができ、コミュニティが形成されれば「一緒に行きましょう」という人間関係も広がります。

誰かへの義理、付き合いなど、そんな理由でチケットを買う人は思いのほか多いものです。その一方で同好の士が集いやすいSNSでは、人と人がつながりやすいというメリットがあるのです。

SNSの特性を理解して、上手に利用することが大切だといえるでしょう。

アンケートで市場調査

当日アンケート調査をすることも、極めて重要です。

たとえ満員のお客様だとしても、その方々がどうやってこのディナーショーの存在を知ったのか、どのように申し込んでくださったのか、そこを明らかにしないと、翌年以降の告知の道筋がみつからないからです。

感謝と苦情の共有

期待以上の宴会ができたとき、幹事はお礼の気持ちを言葉だけでなく、手紙やメールでも伝えてきます。逆に期待以下は苦情メールになります。

ここでも情報の共有を図りましょう。

宴会は多くのスタッフが関わります。具体的に何が良かったのか、悪かったのか、その対応ができるものならすぐに実行します。時間がかかるのであれば、いつまでにできるとお客様に伝えると同時に、宴会セールス内で共有し、関係者にも伝えます。

すばやい行動が大切です。

お客様のためにチームで応え、チームで解決する、それもホスピタリティです。

営業訪問

法人営業には、定期的な訪問があります。情報提供やこれからの宴会の打ち合わせが用件ではありますが、お客様から「生の情報」が入る可能性もあります。そのため、お客様の空いている時間を見計らって訪問するのです。

お客様もリラックスしている状態で情報を聞き出します。いわゆる「ここだけの話」です。常に懸案の企画を考えてシミュレーションしていれば、お客様の言葉の端々にそのヒントが隠されているのが分かります。

そのヒントを少しずつ膨らませて、ストーリー性のある大きな宴会企画を提案することはまさに営業の醍醐味であり、数値化できない営業の勘を磨く機会といえます。

仕事を通して繰り返しお付き合いができて、やがては季節の挨拶なども交わせるようになったお得意様が、私にはたくさんいます。そのお一人おひとりは、ビジネスマン人生の宝物です。

毎日の出会いの中から、そんな人が一人でも多く生まれるように、セールス担当として誰にも真似できない営業をする努力の継続が大切です。

営業会議

情報をみんなで持ちより共有化して、情報の確認、再収集、提案をするのが、セールス部隊のあるべき姿です。各人持っているコネを手繰り寄せ、今までの実績を背景にライバルに勝つため、スタッフが知恵を絞るのです。

たとえコンペで負けたとしても、次の獲得のために敗因を徹底分析して、補える対策にすぐ着手することが、未来志向の営業会議です。

見積り

規模の大小にかかわらず、宴会を成功させたいという思いは主催者もセールス担当も同じです。主催者は予算の範囲を守りたいと思うのが当然で、その範囲で最大限いい宴会にしたいと思っています。

一方、宴会セールスには売り上げがかかっています。一円でも高く売りたいのが本音です。しかしながら、同時に費用対効果の高い宴会を実現して顧客満足度を上げ、リピーターになっていただくことも大切です。

主催者がベテランで、宴会セールス担当のキャリアが浅い場合、中にはわがままを言って施設側を振り回す人もいます。こちらの経験が浅いのを見て、不当に値切ってきたり、無理難題を押し付けてきたりしないとも限りません。

譲るべきは譲り、断るべきは断る姿勢が大切です。

しかし、それ以前に必要なのは適切な判断です。そのためにも、物事を落ち着いて受け止め、不安があれば先輩や上司に相談をし、正しい判断をすることが求められます。またそれを上手に相手に伝え、最善の結果を導けるよう努力することも大切です。

そこで最も大切なのが、月並みですが「信頼関係」です。主催者や上司、先輩とも腹を割って話し、互いの事情を共有して、解決策を探ります。施設側が策を提案できる場合もあれば、主催側に妥協点を探していただくこともあります。

コストダウンをどう考えるか

売り上げを大きくするには、売値に対して原価率を下げるコストダウンは大切です。しかし、コストを下げることで品質まで落としてしまっては、長期的な目でみて得策とは言えません。また、コストには下げられるものと下げられないものがあります。

主催者からよく相談を受けるのは、「料理」の価格です。料理の金額をもっと負けて欲しい、下げてほしいという要望は少なくありません。

そんなとき、担当であるあなた自身が納得して引き下げるなら良いですが、その結果が品質を下げ、あなたの納得感に影を落とすようなら、お断りするべきでしょう。

料理の価格を下げるには、食材の質を下げるしかありません。例えば、都内には一流といわれるホテルが何軒もあり、どこのレストランのメニューにもカレーがあります。それを食べ比べてみると、よくわかります。価格も味も違います。

もちろん材料の選び方、組み合わせ方によるものですが、一流ホテルともなれば調理人の腕にはわかるほどの差はありません。違うのは「食材」の差です。

値引きに応じられないときは「うちの料理は高いかもしれません。価格以上の満足感をお約束できます」と、値引きをお断りすることもあります。値引きを引き受けるにせよ、お断りするにせよ、大切なのはきちんとお客様に説明できるかどうかです。自社の名に懸けて、プライドの持てる仕事ができないので断るのか、あるいは「この予算でしたが、この範囲で納得してください」と品質の低下を理解していただくのか、対応は様々です。

自社とそのサービスをどこまで理解いただけるか、品質と価格のバランスの先に末永いお付き合いが見込めるのか、じっくり見極めましょう。

メニューとテーブルと皿

人数や内容に応じて、多めの見積りをするか、少なめでよいのか、適正な見積りができるようになるには、もちろん経験も必要です。

たとえば大学生の体育会の集まりだと聞けば、それはさぞかし食べることだろうと想像もつきます。ご飯ものや麺類など主食のボリュームを多めにするなど、満腹感を意識した構成と分量配分をする必要があります。

少なく見積りすぎて、現場で追加注文が発生することもあります。しかし、すべてのメニューが追加できるわけではありません。注文されてから提供できるまでに時間がかかることも、前述したとおりです。

幹事は少しでも無駄にしたくないと、少なめに見積るよう要望するかもしれません。しかし、追加注文はよほど上手にタイミングを見計らい、適正な量を算出しないと、結果的に余ることになったり宴会の進行に影響が出てしまったりします。そんなことが繰り返されれば「あの会場の見積りはいつも見当外れだ」とか「大量に余ってしまって（あるいは足りなくて）、結局損をした」と思われてしまいます。

料理の量に関しては、ゲストのマナーも関係しています。

私がこれまで数々の宴会を見てきて、何とかならないかと思うことがあります。それは料理が提供されると我れ先に取りに行き、皿に盛れるだけ持って帰ってきて、結局テーブル上で食べ残される料理が多いことです。

ブッフェスタイルでは、各自が自分の皿を持ち、自分が食べたいものを食べられる量だけ取り分けることがマナーです。他の人のことまで考えて、あてもなく山盛りにするのはマナーに沿っているといえないだけでなく、これではどれだけ多めに見積っても、ただただ食べ残しがテーブルに積み上げられるだけになってしまいます。そして食べ残しは廃棄処分されるだけです。

これを回避するのに有効なのが、テーブルと皿のサイズです。

パーティー慣れしていない若者が多そうな宴席や過去の経験から食べ残しが出やすい団体では、まず通常より小さめのテーブルを用意します。テーブルが小さい分、そうたくさんの皿は載せきれません。さらに取り皿のサイズを小さくすれば、あれもこれもと山盛りにしにくくなります。

少しずつの違いも、大勢となると大きな差になるのです。

二次会

私は頼まれなくても二次会の提案は、必ずするようにしていました。なぜなら二次会にもちゃんと意味があるからです。

一次会の趣旨や目的にもよりますが、結婚式などの場合、一次会が身内だけだとしても二次会には友人を呼びたい、というケースがあります。一次会より人数が増えることも少なくありません。一次会でスタッフとして立ち働いて料理を食べそびれた人に、食べていただくための場としても有効です。

通常の企業宴会などでは、二次会の人数はぐっと減るのが普通です。一部のスタッフを除けば、食事を済ませた後ですからそんなに食べ物を用意する必要もありません。お酒におつまみ、軽食程度を用意します。場合によっては、カラオケなどが欲しい場合もあるでしょう。

一次会で料理が残ったら、それをそのまま二次会に流用することも、よくあります。

その場合は、別の器にきれいに盛り付けなおし、二次会会場へ運びます。二次会のことまで見越して、多めに料理を見積ることもあります。二次会目的では予算が割けないという場合は、料理や飲み物を一次会の見積りに入れておいて流用するのもひとつのテクニックです。そして二次会が確実に受注できれば、室料や追加のドリンク代などで売り上げを加算することができるのです。

一次会から二次会へはスムーズに移動できるよう、同じフロアにある小さめの部屋を会場に充てることもあります。変則的な形だったり景色がよくなかったりして「売りにくい部屋」や、ホワイエやクロークの代わりに使った部屋を、そのまま二次会用にしてもよいでしょう。

相見積りをどう考えるか

宴会にもいろいろありますが、中でも特殊なのは結婚式でしょう。花嫁のあこがれの挙式スタイルが決まっていたり、列席者にとって都合のいい（交通の便がよい）立地であったりと、会場が決定するに至るまでにはいろんな要因があることでしょう。

企業宴会の場合は、結婚式ほど個人的な好みに左右されることはないでしょうが、それでもさまざまな事情や条件が折り合って、決定されるものです。大まかにいえば、予算、日程、規模、そして格式でしょうか。ホテルでも宴会施設でも、それなりにクラス分けというものがあります。宴会の目的によって、あらゆる条件がつきますし、その中にも優先順位があります。

日程は、例えば誰かの誕生日であったり、創立記念日であったり、製品の発表会ならば、その日に実施できなければ意味がない場合もあります。一方で忘・新年会や納涼会など、季節の行事は比較的緩やかです。皆さんの集まりやすい日時で希望の会場が空いていればＯＫ、というわけです。

予算は、１００％主催者側の事情です。会費制なのか、おもてなしなのかにもよりますし、全体の総予算にどこまでを組み入れているかも問題です。

規模は、集まる人数の問題です。部屋の収容人数、料理の量と質、人の移動、すべてを検討し、キャパシティのある会場で受け止める必要があります。

そして格式です。例えば都内近郊であれば、おおよそ同等とされるホテル、宴会施設はいくつもあります。宴会の目的によって、ある程度の格式が求められるのか、ごく内輪の宴会で格式は必要ないのかに分かれます。

日程は予約の埋まり具合により、規模は各施設の持つ規模によります。しかしながら格式については、同程度の格式の会場はすべてライバル、と考える必要があります。

当然主催者は、会場を決めるにあたり同程度の格式の会場を複数、検討するでしょう。そして同程度の会場同士は、会場費その他、だいたい似たような予算感になることが多いものです。

単純に見積りを比較する、いわゆる「相見積り」をとったところで、主催者が比較できるのは金額です。会場の広さを比べ、会場費を比べます。料理や飲み物の内容（品数やメニュー）を比べ、料飲費を比べます。

しかしそれだけでは、価格競争になるばかりで誰にとっても意味のないことです。また、ライバル他社との差別化にもなりません。

落としどころを探る

では、どうしたらいいか。目に見えず、お金に換算しにくいものではありますが、私は「提案」で差をつけるべきだと思います。

例えばお客様の予算にどうしても合わない場合、調整できるとしたら料理と会場です。前にも紹介しましたが、プラン内のメニュー内容を原価の低いものに変更することで、一名様あたりの価格を下げられるかもしれません。高級なお酒を出したいとご要望なら、料理の品数を減らすことで対応できるかもしれません。

会場も同様です。どこのホテルや宴会施設にも「売れにくい部屋」というのがあります。窓からの見晴らしがよいとか、豪華な内装であるとか、あるいは柱が一本もなくて見通しが良い会場は人気があります。一方、建物の隅のほうにあるとか、会場の途中に柱があって見通しにくい、形が変形でやけに細長いなど、宴会場として難がある部屋は、なかなか売れません。そうした会場を割り当てることで、会場費を安く抑えることができることもあります。

お客様の要望が10あるとして、そのうち2つ3つ、あきらめてもらうことができれば、予算に収めることができるかもしれません。ご要望に優先順位をつけてもらい、どれなら譲れるのか、どれなら代案が提案できるのか、お互いのすり合わせをします。主催者もセールス担当も、互いの会社を背負って、対峙するわけです。

そのために、互いがある程度の裁量権を持って、意味のある折衝をして、互いに納得のいく落としどころを探ることが大切です。

いずれにせよ、相見積りをとっての交渉が値引き合戦になるのは、一番の悪手です。それはやがて、価格の崩壊を招き、自社の格を落とすことにもなりかねません。

請求書は次の商機へのパスポート

受注して、計画し、準備して当日を迎え、無事宴会が終わって、撤収が完了し、代金を回収するところまでが、宴会セールスの仕事です。

結婚式のように個人客相手の場合は、挙式前日までに半金、終了後に追加分の清算を含めて残金の入金、というパターンも多いのですが、企業との取引では後日請求書を作成してお渡しし、お振込みいただくというケースがほとんどです。

今の時代、メールで請求書を送ることもあるでしょう。郵送するのもよくある話です。しかし私は可能な限り、持参するようにしていました。

相手を訪問すれば、いろいろな情報が手に入ります。社内の様子もわかりますし、人事の情勢もうっすら見えてきます。ちょっとした手土産を持参して、世間話をするだけで、別なニーズを発掘できる可能性もあります。


第1章で3年先を見越した営業について書きましたが、その会社の趨勢《すうせい》、昇進人事のスピード感、誰がどこへ異動してどんなポストについてどう活躍しているかなど、そんな事情が少しでも取り込めれば「昇進おめでとうございます」とカードを送ったりしてアフターフォローにつなげることもできます。

「お孫さんが小学校入学」と聞けば「ぜひお祝いさせてください」とお話し、入学祝いの場に選んでいただけるかもしれません。もちろん、お子様のお好みを取り入れたメニューにしたり、好物でケーキを作ってあげたり、そのケーキを会場からのプレゼントにして差し上げたりなど、企業対企業の付き合いにとどまらない距離感です。人として、ライバルよりも一歩も二歩も近いところでお付き合いができればこそ、次のチャンスにもつながろうというものです。

「できません」と言わないために

どんな要望も演出も、Ｎｏは誰にでも言える答えです。しかし宴会セールスというのは「わかりました、何とかしましょう」と答える仕事なのだと私は思っています。たとえ音の出る踊りをやりたい、火の出る花火を演出で使いたいという要望があった場合でも、できる方法をひたすら探します。

「何かインスタ映えする料理はないの？」と言われたら、メニューのうち、ひとつふたつでよいから、色合いの美しさを提案します。

自分の裁量でできることと、できないことをしっかり把握した上で、相手の要望を受け止め、解決策を探ることが大切です。調理部門、サービス部門、関係各部署に相談して、知恵を集めましょう。

音漏れ

地方の会館や施設の宴会の場合「祝いの席はこの踊りがないと終われない」とか、「お神輿《みこし》を呼びたい」など、その土地ならではのパフォーマンスや風習を重んじるお客様もいらっしゃいます。

太鼓や神輿など音の出るものは、気遣いが必要となります。もし庭がある会場があるのなら「では、お庭でやりましょう」と提案します。しかし、それが叶わない場合がほとんどです。

踊りやお神輿が文化であるならば、多少の音も準備の大変さも許容できるというものです。文化を大切にする方々の要望ですし、隣の部屋の宴席も「にぎやかですね。お祝いですか?」で済むかもしれません。

それでも、離れた会場にしたり、演奏時間を調整したりして、なるべく音が他の会場に響かないようにする工夫が必要となるケースもあります。

例えば、Aの部屋には勉強会やセミナーが入っているとします。同じ時間帯に、にぎやかな音楽のかかるお祝いの席や、ショーやプロモーションのステージがある宴会が入っていたらどうでしょうか。静かに勉強したり人の話に耳を傾けたりするのに、隣の部屋からにぎやかな音楽や笑い声が音漏れしてきたら落ち着いてプログラムに集中できないし、場の雰囲気も壊れます。

フロア（階）を分けられればベストですが、そういかないこともあります。そんな時は、隣同士の部屋にはせず、間に一部屋、空室を作ることもあります。一部屋分の空間が挟まれれば、さすがに気になるほどの音漏れにはなりません。

一部屋売れないことによる損失もありますが、それよりもお客様からのクレームを回避できることのほうが大きい場合もあるのです。

「火」の取り扱い

宴会の演出で最もやっかいなのは「火」を使った演出です。煙が出ますし、においもします。場所が悪いと、いきなりスプリンクラーが作動して水浸し、なんてことにもなりかねません。

例えばデザートに、クレープ・シュゼットのフランベをやってほしい、と要望されたら、まず会場の天井高を調べます。スプリンクラーの真下では当然できません。熱を感知しない場所を選んでやるしかないとなると、仮に会場を設営して、うまくできるかどうかやってみる必要もあるでしょう。

サプライズ

ブライダルなどで最も注意が必要なのが「サプライズ」です。花婿から花嫁に、あるいはその逆というのもあります。他にも新郎新婦から親へ、ゲストから新郎新婦など、さまざまなパターンが考えられます。ここで大切なのは、すべてのサプライズを会場側の担当者として把握しておくことです。

新郎新婦から「親を喜ばせたいから、何かしたい」と相談されたなら、これは大丈夫です。過去の経験などを総動員して、お手伝いしてあげましょう。こちらも加わるのですから、実施にかかる所要時間やタイミングを予定に組み込んで、全体の進行に影響させないような配慮もできます。

恐ろしいのは、ゲストが当人にも内緒で準備を進め、会場側にも黙っているパターンです。これは場合によってはトラブルに発展しかねません。思いもよらぬタイミングでサプライズが仕掛けられ、料理を出すタイミングがくるってしまうこともあり、進行に遅れが生じてしまいます。番狂わせからのリカバリーはスタッフに負担を強いることになりますし、場合によっては時間の延長につながることもあります。

宴会セールスとして知りえないことはなるべくさせないぐらいのつもりで、新郎新婦やご両親、二次会幹事を引き受けるご友人など、関係者とは密に連絡を取り合うことが大切です。

将来のニーズを作る「テーブルマナー教室」

学生時代、学校主催の「テーブルマナー教室」に参加した経験のある人もいらっしゃるのではないでしょうか。主に西洋料理（フランス料理）を題材に、国際的に認められたマナーを身に着けることは、日本の社会人としても国際人としても必要なことといえるでしょう。

日々の暮らしのなかでマナーにのっとった食事をする場面など、そうそうないかもしれません。しかし基礎を身に着けることで、どんなにカジュアルな場面でもスマートな所作をすることができるようになります。

また、食の安全、食と健康、食文化など、内外を問わず食というものに関心が高まっている昨今、自分たちが何を食べているのか、食べ物はどう作られ、どんな歴史をたどってきたのかを学ぶ「食育」も盛んです。そんな中、食文化を理解するという意味でも「マナー」を身に着ける大切さを、宴会を提供する仕事に従事する者として、常に意識している必要があると感じます。

現在のテーブルマナー教室の考え方は、時代とともに変わってきました。以前はナイフ・フォークの使い方を身に着け、正しいいただき方を学ぶ場という色合いの強い教室でしたが、昨今は「親子で学ぶテーブルマナー教室」のような新しいニーズも、どんどん生まれています。

そして日本社会の宴会のほとんどが立食スタイルであることを受けて、今後は「立食パーティーでのマナー」が注目されるようになるでしょう。

一般社団法人 日本ホテル・レストランサービス技能協会（ＨＲＳ）にはテーブルマナー講師という認定資格があります。社内スタッフにテーブルマナー講師がいれば、それは新たなコンテンツ（提供できるサービス）が増えるということでもあり、施設全体の価値を高め、営業チャンスを増やすことにもつながるのです。

新規の顧客開拓

学びたいと思っている人々は確実に存在します。その土地ごとのニーズに即して、参加者が楽しく興味をもって講義を受けられるよう、魅力あるマナー教室になるよう工夫することが大切です。

そうしたテーブルマナー教室は、将来の宴会ニーズへの布石にもなります。マナー教室を通して自社の設備や料理、サービスに触れていただくことができるからです。「お料理、おいしかった」「サービスが素晴らしかった」「お庭がきれいだった」と、施設そのものを経験し、それが記憶に残ったら、何かの行事で宴会をしたいとき、ご自身が結婚式を考えるときなどに、思い出していただける可能性が出てくるということです。

マナー教室の内容

それには、教室自体が楽しく充実した思い出として印象に残らねばなりません。そのためには宴会セールスも、マナー教室の内容を知り、講師と一緒に具体的な企画を立てるなどの協力体制を整えておいてほしいものです。

講師は講義内容を分かりやすく、聴きやすく伝えるテクニックを身につけなければなりません。人が大勢いれば、同じ話を聞いていても全員が同じレベルで興味を持つとは限りません。話の理解度にも差はあるはずです。話をする技術、伝える技術は、講師自身が学び、試行錯誤して身に着ける必要があります。

　受講生が理解して、話についてきているか、楽しんでくれているか、相手の反応を見ながら進めますが、時にはクイズを投げかけたりしながら楽しく進めます。単なる「正しい食べ方教室」ではなく、参加者の年齢や性別、属性に合わせながら「食文化」全体を伝えるカリキュラムにすることが大切です。


　テーブルマナー教室をよりよいものにする上で肝心なのは料理です。マナーの課題となる料理は、学ぶ人にとって魅力あるものでなければなりません。

　メニューの内容は、参加者の年齢層や趣旨に従って考えます。調理スタッフやサービススタッフと連携協力して内容をブラッシュアップすることも大切です。

　ワイン好きの集まりが受講生ならば、ソムリエに協力してもらってワインのマナーに比重を置いても良いでしょう。

テーブルマナー教室を成功させるには、

・参加者の個性と趣旨目的に合った内容を精査する
・全体の流れを作りカリキュラムを練る
・調理スタッフと相談し、適切なメニューを構成する
・サービススタッフと相談し、スムーズでタイミングのよいサービスを行う
・講師が講義に集中できるよう、現場の指揮を執るキャプテンと連携する

といった、スタッフ間の連携が重要です。

さて、ここで気が付きませんか。

これらは、よい宴会を成功させるのと同じ項目なのです。テーブルマナー教室でおいしい料理をアピールし、楽しく学ぶ場にすれば、頼りになる宴会場であることを印象付ける機会にもなるでしょう。

一人でも多くのお得意様を作り、ファンを増やすために、適切な企画を立て、企画に沿った集客をし、スタッフが連携して教室を成功させましょう。

外国人向けのテーブルマナー教室

訪日外国人が増えて、日本料理の関心は高まるばかりです。料理の知識は、ネットでも学ぶことは可能かもしれません。しかし、作法として器や箸の使い方を学ぶことは、簡単ではありません。

そこで外国人向けの作法教室を企画するのも一案です。テーブルマナー認定講師の資格者を中心に、お客様の母国語の基本を学び、当日はお客様に指導しながら、日本料理を楽しんでもらいましょう。

思い出深い体験になり、リピーターの期待も、高まります。

市場調査のチャンス

終了後にはアンケートを実施して、率直な意見に耳を傾けます。ここで出た意見や感想は、宴会営業で自分がお客様に与える印象に近いはずです。

年齢層や目的に対して適切な内容が用意できていたか、料理やサービスは喜ばれていたか、化粧室やホワイエなどの共有スペースの使い勝手は良かったかなどについて、幅広く意見をもらいましょう。

それは携わったスタッフにとっても、自身の仕事を振り返り、課題を見つけ、学ぶよいきっかけにもなります。

テーブルマナー教室はマナーを教える場であると同時に、顧客開拓であり、スタッフにとっても貴重な市場調査の機会でもあるのです。

講師は教えることに夢中になり、全体に目配りができないこともあります。サービススタッフにも協力してもらい、つまらなそうにしていた人はいないか、料理を残した人はいないかなど、反省会などで情報共有しましょう。

ライバルを研究する

結婚式場に限らず、どの施設も都道府県内近隣には必ずライバル会社が存在します。格式も同程度、料理人の腕前も同程度となると、差別化すべきは食材の良し悪し、インフラ設備の良し悪し、そしてなんといってもサービスの独自性です。

宴会セールス担当ならば、気になるライバル会社の宴会にはお金を払ってでも行ってみたいものです。そして他社のサービスを、我が身を持って経験してみることです。もちろん、その時ぼんやりとサービスを受けるだけではいけません。お客様の立場に立って、お客様目線で観察をすることが大切です。自社とはどこが同じで、どこが違うのかを把握しましょう。

レストランで食事したり、カフェでコーヒーを飲んだり、そして宴会に出席したりすると、自社とは違うところが目に入ってきます。周囲のお客様をよくよく分析してみましょう。この会社の何がこんなにも人を楽しませているのか、なぜ人はこれを喜ぶのか。この動線には、サービスにはどんな意味があるのか、そこに自社の成長のヒントがあるのです。

また、最先端の設備を投入したとうわさを聞きつけたら、ぜひ体験してみましょう。東京で流行した設備や演出は、5、6年のタイムラグを経て地方都市へとめぐって行きます。
今何が流行っているのか、ライバルがどんな努力をしているのか、常に観察を怠らないことです。そしてその中から、ライバルがやっていないことを探しましょう。設備の差、サービスの差、料理の差を、近隣のライバル施設と比べるだけでは井の中の蛙になってしまいます。

昨今、お客様のほうがよほど、さまざまなホテルや会館などのサービスをよく知っています。そこに太刀打ちするには、国内外のあらゆるライバルを研究し、上質な経験を積むしかないのです。

長期的な戦略

一時期、ホテル宴会が不況にあえいだ時期がありました。そんな時、ある高級ホテルは宴会場を改装して、パーテーションで細かく仕切れるようにしました。

何百人も集まる宴会はそうそう受注できません。そこで比較的小規模の結婚披露宴や顔合わせの食事会、プライベートなイベントパーティーなども対応できるようにしたのです。

人数は多くないかもしれません。しかし一名様2万円、3万円という単価の高いお客様を大事にできます。そのホテルの料理やサービス、格式にそれだけ払ってもよいという価値観を持つお客様は確実にいる、そう考えて小規模な宴会を丹念に受注し、成功させたのです。

やがて社会の景気も変わり、中規模、大規模な宴会も再び受注するようになりました。しかし小さなビジネスを大切にしたことで、評判や格式を落とすことなく、ビジネスを継続してこられました。

自分のホテルに価値観を持ってくれるお客様を大切にすることが、長期的な目で見たときに自社を守ることにつながるのです。

サービスのプロフェッショナル

テーブルマナー認定講師

テーブルマナー認定講師はテーブルマナーを広く一般に普及させるため（一社）日本ホテル・レストランサービス技能協会が実施している講師認定制度です。各業界を代表する専門家を講師に招き、西洋料理・日本料理・中国料理のそれぞれの歴史や伝統、そして現代の変化する食事の儀礼としてのマナーを受講し、講師認定試験に合格された方に対して、協会より認定証を授与しております。

テーブルマナー講師の指導者を育成すべく、マナー講師育成制度もスタートさせました。現場では資格を持つ強みを活かし、マナー教室やセミナーを通して、テーブルマナーの普及活動に努めています。

一般社団法人 日本ホテル・レストランサービス技能協会（ＨＲＳ）
〒１０２－００７２　東京都千代田区飯田橋３－３－11飯田橋ばんらいビル６Ｆ
ＴＥＬ：０３－５２２６－６８１１　ＦＡＸ：０３－５２２６－６８１２

第5章　打ち合わせ

第1章で「成功体験をさせる」とお話しました。成功体験とはずばり、宴会を成功させることです。

宴会が成功すると、幹事さんは成功体験をするとともに、会社においての評価が上がります。そうなれば、リピーターになっていただくことも可能でしょう。

会社や地域によっては価値観も風習も違いますが、基本的な考え方は変わらないはずです。まずは『正解』を理解して、受注した案件ごとに、正解に近い進め方ができるように努めることが大切です。

「失敗しない宴会」は打ち合わせから

私は40年間宴会の最前線におり、数えきれない施行に立ち会いました。しかし私には失敗の記憶がありません。それは、一つひとつの宴会にとことん向き合い、自分で確認してきた結果だと思います。

宴会はすべてがオーダーメイドであり、ひとつとして同じものではありません。しかし多くのミスの要因は、パターン化されています。人間である以上、間違いや記憶違いはありますが、それを事前に徹底的に確認することで、防ぐことが可能です。

お客様の記憶違いや解釈が違うこともあるでしょう。会場側にもあります。その調整をするのが、セールス担当です。特にブライダルの世界は「ごめんなさい」では済まされず、訴訟問題まで起こっています。

打ち合わせ段階での文章による確認と、口頭による説明は必須です。担当者として信用されて任されているからこそ、大事な確認です。

キーパーソンは「幹事さん」

宴会幹事とは、主催者・責任者の窓口であり代表者です。

一方宴会セールスの立場は、施設側の窓口であり責任者ということになります。

宴会の幹事さんこそがキーパーソンなのです。

より良い宴会セールスになるためには、良い幹事さんとはどんなものか、幹事さんの役割を心得ることが大切です。実際の幹事さんに足りないところがあれば、自分が代わりにサポートするつもりでいると、自分自身の経験値も上がっていくものです。

企業の宴会には、忘・新年会のようなほぼ定例的なものがある一方、新製品の発表会などイレギュラーに発生するものもあります。定例的なイベントは、総務部などの新人さんが幹事に割り当てられることが多いようです。

宴会の幹事経験はもちろん、社会経験そのものが浅い若者が幹事になったら、セールス担当もそれなりに大変です。ですが、大変を「大変」なだけで終わらせてはいけません。

どうすれば宴会が成功するのか、そのために幹事さんは何をせねばならないのかを、打ち合わせや宴会を通してさりげなく教えて、成功へとうまく導くのが宴会セールスの仕事です。

そのためには、相手の幹事さんとのコミュニケーションが重要なのは言うまでもありません。相手が経験不足ならば、さりげなく宴会に必要な配慮や検討事項を伝授して、無事かつ円滑に進められるよう導く必要があります。

とはいえ相手はあくまでもクライアントです。上から目線で教えるのではなく「お役に立ちたい」という態度でアドバイスを差し出す姿勢が求められます。

そのアドバイスの蓄積が幹事さんのノウハウとなり、宴会が成功裏に終わった時、幹事さんは一回りも二回りも成長していることでしょう。なぜならば、宴会幹事の仕事には、企画の通し方や通る企画の作り方にはじまり、集団の束ね方やホスピタリティの考え方など、ビジネスパーソンとして身に着けるべきことが詰まっているからです。

では、具体的に幹事さんには何を学んでもらえばよいでしょうか。

ここからは実際の宴会に即してご説明しましょう。

招待状の役割

宴会への招待状を出す段階から、テクニックはあります。ただ単に日時や場所をお知らせして、出欠の連絡を受けるだけが招待状の役割ではありません。

誰しも招待状を受け取ったことのある方ならお分かりだと思いますが、出席するにあたって迷うケースは多々あります。

例えばご祝儀です。会費制なら決められた金額を支払えばよいのですが、会費の設定がない場合、本当に手ぶらで行ってよいものか悩みます。それがお祝いの席だったりする場合はなおさらです。

また、悩ましいことのひとつに服装もあります。「平服でお越しください」と書かれていても、では平服って、いったいどんな服装でしょうか。まさかGパンにTシャツというわけにもいきません。

そこで、迷われた時には幹事さんか、あるいは宴会の会場となる施設に問い合わせてもらうよう、予め幹事さんに伝えておきます。

また、いくら招待状に「おもてなしの場ですので、ご祝儀などはご辞退申し上げます」と書き添えてあっても、ご祝儀を持参する方はいらっしゃいます。せっかく差し出されたものを受付で拒否するのは失礼にあたりますので、有り難く受け取ります。

しかしながら、本当に手ぶらで来た人が気まずい思いをする場合も想像できます。

ホテルや宴会施設では、フロントで基本的な祝儀袋（不祝儀も）、礼服用のネクタイ（白・黒）、ストッキングなどのストックを常備している所がほとんどです。

ご祝儀の相場がわからず悩んでいる、服装に悩んでいる、そんな列席者が見込まれるときは、会場の宴会セールス担当に問い合わせてもらうように伝えます。あるいは幹事さんに、ふさわしい金額の相場や服装についての情報を伝授しておいて、質問に答えられるようにしておきましょう。

また当日、現場で困っている人がいたら、フロントで相談するようご案内するなど、幹事さんに予め伝えておくことが大切です。

プログラムの構成

有効なプログラムの構成を作る手助けをするのも、宴会セールスの大切な仕事です。企業宴会の場合、宴会スタイルはほぼ9割方が立食形式です。乾杯が開宴の合図ですからそこからお料理が運ばれ、歓談がスタートします。

そこで大切なのが、その宴会の「目的」です。

新製品の発表ならば、その製品を紹介したり、話題にしたりする仕掛けが必要です。プレゼンテーションがある場合もあります。どなたかの叙勲を祝う席ならば、功成り名を遂げたご本人の苦労話を聞いて差し上げる時間を設けたいものです。

しかしながら、一旦食事が始まってしまうとどうしても注意はそちらへ向いてしまいます。壇上で誰かがスピーチしていても、祝電を読み上げていても、ろくに聞いていないないなという場面をよく目にします。なんともったいないことでしょう。

高いお金をかけて宴席を設けたのなら、目的に即したプログラムを用意して、列席者に認識してもらうことが大切です。

工夫すべきは、宴会内容の順番ではないでしょうか。

聞いてほしい・見てほしいものがあるならば、お料理が出てくる前に設定します。それではお腹も空くし、間が持てないとおっしゃるならば、乾杯とは別にウェルカムドリンクやほんの小さなオードブル（つまんで食べられるカナッペなど）を用意し、スタッフに配らせればよいのです。美しくかわいらしいオードブルは目を楽しませますし、お腹がいっぱいになるほどのボリュームではありませんので、後に続く料理の邪魔にはなりません。むしろ、おいしいオードブルがちょっぴり出ることで、パーティー料理への期待も高まろうというものです。


ステージに注目してもらう時間と料理を楽しんでもらう時間を、明確に分けてコントロールする。それもパーティーを構成するひとつのテクニックです。

コンセプトとおもてなしのバランス

立食パーティーと着席パーティーの違いは何だかわかりますか。

単純に形式の違い、と思われるかもしれませんが、そもそも目的が違います。

着席の場合は、お料理を楽しむことがメインです。しっかりしたコース料理が提供され、一人ひとりの量も確保されています。

一方の立食パーティーは、飲食よりも人と人が交わることが目的になります。自由に動けるメリットを生かして、好きな食べ物を自由に選びながら、いろいろな人と言葉を交わし、交流を深めたり人脈を広げたりするのが主な目的です。

もちろん、着席のパーティーでも交流ははかれますが、席が固定している分、多くの人に接するには限界があります。その点、日本のパーティー文化が今一つ洗練されていないように感じるのは、この交流がうまくはかれていないと思えるからです。

食事の配慮

　前述したように料理が出るとみんな料理に殺到してしまって、スピーチや発表を聞かないだけでなく、決まった相手とテーブルを囲んで広く歩き回ろうとしない、会費のもとをとろうと山盛りに料理を取ってくるなどといった光景を目にすることが多くありませんか。

　そもそも立食パーティーの料理は、おなかを満たしてもらおうという趣旨で用意されるものではありません。もちろん、ごくフランクでカジュアルなパーティーならば、お腹いっぱい食べてもらおう、楽しんでもらおうというコンセプトもありだと思いますが、ビジネスパーティーで他にコンセプトがあるのであれば、その目的を大切に考えてプログラムを組み、料理の量も調整してよいと思うのです。

「そんなことをしたら、あそこのパーティーはけち臭いと思われる」と心配される幹事さんもいらっしゃるでしょう。それならば招待状にパーティーの趣旨をしっかり明記し、「ごく軽食をご用意しております」と書き添えて、料理は二の次であることをお断りしておくという方法もあります。

料理の動きは列席者の顔ぶれによっても大きく違います。

例えば女子大の卒業謝恩会や同窓会の場合は、圧倒的に列席者は女性ばかりになります。中にはダイエットしています、という人も珍しくありません。少しは料理を楽しみたいけれど、どうせカロリーをとるならおいしいフルーツやケーキ、デザートを楽しみたいという人もいます。

通常デザートは料理の終盤に出されるものですが、そういう場合は早めに出してあげるのもひとつの手です。いつまでも空腹をかかえて、デザートが出てくるのを待つのはつまらないものです。列席したすべての方に宴会を楽しんでいただくには、そうやってちょっとタイミングをずらすだけでも印象は違います。

過去列席した大規模な宴会では、受付でどの位置にどんな料理が出されるか、見取り図を配っていたこともありました。どこに何が出る予定なのかがわかれば、好みのものを効率よく取りに行けるというわけです。

そんなちょっとした配慮で、料理の味以上の満足感を味わってもらうことができるのです。

演出の配慮

そういう意味では、余興、エンターテインメントなどの演出についても同様です。忘・新年会など、ただただ楽しむのが目的ならば何を取り入れてもいいでしょう。職場対抗かくし芸大会など、大いに盛り上がるものです。

しかし、企業系の宴会で、お客様をおもてなししようとプロの芸人やミュージシャンによる演奏を手配するときに、もう少し考えたほうがいいのに、もったいない、という場面に遭遇することがよくあります。

おもてなしのためのエンタメであれば、注目されなければ意味がありません。身内のかくし芸は「知っている人が意外なことをする」から楽しいのです。誰も知らない人をステージに呼んで、お笑いネタをやったり演奏を聞かせたりしている場合があります。それがテレビに出るようなクラスの有名人ならば、それは間違いなく盛り上がりますが、それだけ予算もかかります。知名度もいまひとつ、芸もいまひとつでは、せっかくお金をかけても誰も見ていない・聞いていない、ということになりかねません。

もちろん、メジャーでなくても非常に優れた才能のあるアーティストはいますので、すべてが無駄とはいいません。有名・無名にかかわらず、素晴らしい演奏や歌声は、思わず人を引き付けることもあるでしょう。

ただ、なんとなくエンタメ要素が欲しいからというだけで人を呼んでいないか、それがそれだけ予算を割くだけの価値があるかを、しっかり吟味することも趣旨のぶれないパーティーにするためには大切なことです。


何のために集まるのか、目的を明確にしましょう。

親睦を深めてもらいたいのか、主役の実績をみんなでたたえたいのか、あるいは何か知ってもらいたいことがあるのか、目的が明確であればあるほど、趣旨にそったパーティーになるよう、工夫が必要です。

もちろんおもてなしも大切ですが、料理や演出よりも「来てよかった」と思っていただけるだけのコンテンツがあれば、十分素晴らしいパーティーはできると思うのです。

「風」を作らない動線

小さな宴会は着席スタイルが一般的です。この場合、料理の一品一品、サービスの一つひとつにスマートな動きが求められます。隣とのテーブルが近ければ、料理の運び方はもちろん、食器のふれあう音、サービスの動きによる「風」までお客様は感じます。そのためには、テーブルをなるべく離し、サービス動線を広くすべきです。美しいサービスは料理の味を一層引き立てるはずです。

手配書の役割

一般的な宴会や企業宴会等は調理、サービスの現場との情報共有のため、宴会セールスが幹事さんや主催者から聞き出した内容を手配書に書き出します。婚礼宴会の場合は、より詳細な手配書を担当者が作成します。人数の変更など状況が変わり次第、すぐに訂正して現場の責任者に伝えます。施行当日のミーティングでは、手配書に基づいて各現場ごとに内容の見落としや勘違いがないか、スタッフ全員で確認をして、お客様をお迎えします。

打ち合せの一例

例えば「○○学園高校卒業生の同窓会」があったとします。会の日時、人数、会場などの情報は、もちろん受注の段階でほぼ決まりますし、手元の資料にもあるでしょう。しかし、これだけでは良いサービスはできません。

高校を卒業して何年後の同窓会でしょうか。出席者は全員同い年でしょうか。先生や校長先生、学校の理事など、VIP待遇が必要な方はいらっしゃらないでしょうか。高齢者の出席、男女比、お土産や引き出物の有無などに加えて、宴会中に余興やスライド上映などの催しはあるのかなど、わずか数時間の宴会であっても、確認すべきことは山ほどあります。

卒業何年後の同窓会か

列席者の年齢がわかります。また卒業後時間が経っていると、生活の場がばらばらになっている可能性もあるので、遠方から来られる方もいらっしゃるかもしれません。

恩師への配慮

ＶＩＰ席を作る必要がある場合もあります。恩師は高齢ではありませんか。車椅子の可能性はありますか。立食パーティーの場合、高齢者には長時間立ったり、料理を取りに行ったりすることが辛い場合もあります。ＶＩＰ席を設けて着席いただき、サービスクリエーター（スタッフ）かパーティーコンパニオンと呼ばれるレセプタントをひとり担当につけて、料理を運ぶ作業などお願いすれば安心です。

また、高齢者が列席の場合、化粧室への導線は安心でしょうか。化粧室への距離がなるべく短く済むよう、ＶＩＰ席の位置を宴会場の上座の、出入り口に近い部分に設ける配慮も必要です。

男女比

学校名だけでは、男子校か女子校か、共学か、判然としません。また、工業高校のように、共学であっても女子の比率が少ない学校もあります。

男性が多ければ、フルーツやデザートはそんなに喜ばれないかもしれません。若い男性であれば、ボリュームのある料理が喜ばれるでしょう。逆に女子校なら、ケーキやフルーツを早めにサービスしてあげたほうが喜ばれるかもしれません。年齢や性別の構成によって、その宴席の雰囲気は大きく変わります。

お土産や引き出物

出席者にお渡しするお土産の準備も、なかなかに大変なものです。人数分の袋に、一斉に詰め込む作業は、スタッフが別室で行います。人によって渡すものが違う（例えば先生や来賓には別なものが用意されているなど）では、間違いのないように袋詰めし、お渡しする係にもわかるようにしておかねばなりません。

また、当日になって急に「これも入れてください」と、品物が追加になることもあります。トラブルなく引き出物が配布できるよう、足りなくなることのないよう、時間には余裕を持って、確実に確認しながら作業を進める必要があるのです。

余興やスライド上演

これも、トラブルの元になりやすいイベントです。余興がある場合、誰が・何組ぐらい登場するのか、所要時間は何分ほどか、マイクやスピーカー、スポットライトの準備は万端か、カラオケならば歌う曲の準備はできているのかなどの確認が必要です。

そのうえ、お酒が入って飛び入りしたがる人が出るかもしれません。そのような時は、見張っている必要もあります。

サービスのプロフェッショナルたち

レセプタント

レセプタントとはレセプション（接客）とアテンダント（案内係）を組み合わせた造語で、これまでの「コンパニオン」の呼び名に代わって日本バンケット事業協同組合によって、新たにつけられた名称です。ホテルや宴会施設などにおいて、お客様をおもてなしする職業の人を指します。主催者に代わってお客様のお出迎えやお見送りをし、お話のお相手をすると共に、飲食全般にわたるサービスを行います。パーティーに華を添えるだけでなく、主催者をサポートし、他のスタッフと連携しながら、パーティーをつつがなく遂行するようにもてなしに努める接客のプロフェッショナルです。

日本バンケット事業協同組合
〒113-0033　東京都文京区本郷1-5-17三洋ビル3F
TEL：03-5804-4891　FAX：03-5804-4892

第6章　施行当日

この章では、当日の流れに沿いながら、ハードとソフトの両面から、よりよい宴会に近づけるための考え方とテクニックをご紹介しましょう。

あなたが今働いている施設では何ができて・何ができないのか、足りない要素は何なのか、足りないことを補うにはどうしたらいいのか、そしてリソース（資源）を当日活かすにはどうしたらいいでしょうか。

ホワイエ

宴会場に入る前の前室部分、あるいはロビー部分をホワイエといいます。大きなホテルや施設では、いくつもの宴会場が並んでいて、広いホワイエが通路を兼ねているケースがあります。このホワイエ、実は非常に大切なスペースです。

無人のときにはやたらと広く見えるかもしれませんが、この場所は時には待合になり、受付になります。もちろん通路でもあり、人が錯綜しやすい場所でもあります。

宴会の規模に対して、どの程度の広さのホワイエが必要なのか、どんな導線が必要なのかを打ち合わせ時に検討しなければなりません。

ホワイエは、可能であれば宴会場ひとつの収容人数のせめて三分の一程度の人がいられる広さは欲しいものです。

それがかなわない場合、いかにホワイエに人がたまる時間を短くするか、いかにスムーズに宴会場内にご案内してホワイエの混雑を回避するかが、宴会セールスのテクニックです。


わかりやすくするため、具体的に例を挙げてみましょう。自分を宴会（パーティー）の参加者の立場だと仮定して、想像してみてください。

パーティーは午後6時から受け付け開始で、6時30分には開宴します。規模は300人と、なかなかに大規模です。形式は立食スタイル、会費制です。

まず会場となる施設に到着します。冬ならコートを着ています。大きな荷物があるかもしれません。雨ならば傘もあります。まず傘立てに傘を入れ、コートや荷物をクロークに預けます。身軽になったら受付へ進みます。この受付はたいていホワイエに設置されています。

隣の宴会との時間調整

ホワイエに進んでみると、大勢のお客様でごった返しています。よく見ると、自分が参加する宴会とは別の人たちもいるようです。

どうやら隣の宴会場で開かれていた集まりがお開きになったようで、そこから帰ろうとする人たちが続々とホワイエに出てきています。

これでは大混乱です。もし本当にこんな会場があったら、それは失格です。

隣の宴会場の終了時刻と受付の時間がかち合うような時間設定は問題です。出てくる人たちと入ろうとする人のタイミングが同じであれば、大混乱になるのは目に見えています。

周辺の宴会場の予約は何時から何時までか、ホワイエの広さはどのぐらいか、自分が担当する宴会の人数、時間帯など、それらを総合して、宴会予約担当（宴会コントロール）と相談して開始時間と終了時間を調整します。その上で、必要な受付人数の設定と配置を考えるのです。

自分の宴会が先の時間の場合も同様です。隣の部屋の受け付け開始が迫っているなら、お開き後、お土産を渡す作業や送り出し、会場の撤収作業と隣の宴会の受付ピークが重なることのないよう、工夫が必要です。

このようにホワイエの状況を把握すること、ホワイエでの人の動きをリアルにシミュレーションすることが、スムーズな進行には不可欠なのです。

人気のない部屋の活用

繁忙期で宴会の予約もぎっしりという日、宴会の開始時刻をどんなに調整しても、混乱が予想されることもあります。すべての部屋が予約で埋まっている場合は仕方がありませんが、もし同じフロアにあまり人気のない部屋があって予約が入っていないならば、そこをホワイエの代わりに充当することも可能です。

やってきたお客様をまっすぐその部屋にご案内します。可能であればクロークも受付も、その部屋の中に作ります。ごった返したホワイエでクロークや受付をするより、よほど混乱がなく落ち着いて仕事ができるはずです。そしてそのまま、その場を宴会開始までの待合室、前室として利用するのです。

高齢の方が多いなら、椅子を用意しましょう。待たされるのも、立ったままの場合と座っている場合では、印象は大きく違います。ウェルカムドリンクなど用意したり、パンフレットや資料があるならここでお渡ししたりするのもよいでしょう。

そして宴会開始時刻になったら、本会場まで誘導すればよいのです。

もちろん、ホワイエ代わりにした部屋の室料は、誰にも請求はできません。それでも、非常にスムーズな案内だった、待ち時間がストレスにならなかった、などサービスがよい評価につながり、お客様の印象に残るならば、十分に価値のあることといえるでしょう。

お客様を「待たせる」テクニック

大勢が集まるというと、どうしても受付開始から宴会のスタートまで時間がかかります。その待ち時間にどう過ごしてもらうのか、それが宴会セールスのひとつの腕の見せ所です。

結婚式などの場合、親族控室とか友人控室など、ゲストごとに控室が用意される場合があります。一方ビジネス宴会などの場合は、ホワイエが受付の空間であり、待合場所であり、通路でもあります。

どんな趣旨の集まりであれ「仲の悪い人」「相性の良くない人」というのは存在するものです。もちろん多少のことであれば気になるほどのことでもないでしょうが、それがＶＩＰや主催者や幹事さんにとって非常に気を遣う人の場合は、知恵が必要です。控室やホワイエで、会いたくない・会わせたくない人とかち合ってしまったら、待ち時間は非常に気まずいものになります。そういう人がいるとわかっているならば、ご案内先を別々にして、個別にお待たせするように計らうのもテクニックです。

控室を別々にする、おひとりは先に会場にご案内して会場内でお待ちいただきもうひとりは別室に控室を作る、控室をパーテーションで仕切ってお互いが見えないようにするなど、さまざまな方法が考えられます。

予定よりも早く着いてしまったという方も時にはおられます。そういうとき、どうするかをあらかじめ考えておくのも宴会セールスの仕事です。

1時間以上も早く到着してしまった、とおっしゃるならば、クロークで荷物などはお預かりして、施設内のバーやラウンジをご案内します。コーヒーなど飲みながらお待ちいただければ、細かい話ですがそれも売り上げになります。特にご高齢の方などは、ゆったりくつろいでお待ちいただければお疲れにもなりません。

ラウンジスタッフに、どの部屋の宴会のお客様か、宴会の開始時間は何時なのかを伝えておき、時間が来たら宴会場へとスムーズにご案内できるよう、声をかけてもらうなどの配慮ができればさらに良いでしょう。

「待たせない」テクニック

一方で「待たせない」という配慮が必要な場合もあります。政治家やタレント、有名人などがその例です。人目にふれる時間を短くしたいとか、時間がないなど、そこにはさまざまな事情があります。そんな時はその人のための導線を検討し、その方の付き添い担当の人（マネージャー）と密に連携する必要があります。

宴会セールス担当とマネージャーが携帯電話で連絡を取り合い「現在地はどこか」「あと何分ほどで到着するか」などを逐次共有すれば、その時間に合わせて案内する部屋を用意したり、施設の玄関までお出迎えしたり、人の少ないタイミングで廊下を進ませたり、エレベーターを待機させたりなどして、お待たせすることなく会場まで誘導することができます。退出するときは、この逆の導線で対応します。

受付

宴会をスムーズに成功させるために大切な要素は多々ありますが、何より大きいのは大勢の人をいかに誘導し、移動させるか、コントロールできるかという点でしょう。ここのオペレーションがまずいと、トラブルに発展してしまいます。

大規模な宴会の場合、受付開始から開宴までの時間に、列席者が全員会場に入る必要があります。

企業宴会でも披露宴でも、受付業務は主催者側から人員を出して行うことがほとんどです。そして、実はトラブルが起きやすい場所でもあります。

ゲストは芳名帳に記帳し、名刺を渡し、会費を支払い、領収書を受け取るという一連の作業をします。会費ではなくご祝儀をお持ちになるケースもあります。この流れがスムーズでないと、受付に長蛇の列ができてしまいます。幹事さんには、来られる人数を考えて、受付に必要十分な人員配置を考えてもらう必要があります。

会場案内

初めて訪れたホテルや宴会施設では、何がどこにあるかもわかりません。案内板がどこにあるかさえ、わからないのが当たり前です。最近はデジタルサイネージ（電子掲示板）で宴会場案内を掲示している会場も珍しくありませんが、総じて言えるのは「文字が小さい」ということです。高齢になると視力も落ちてきます。見えにくい・わかりにくいでは、スムーズな誘導はままなりません。

もっともスマートな方法は、案内板や掲示板に任せきりにせず「人」が対応することです。大切なお客様を招いての企業宴会ならば、施設の担当者またはホストとなる企業の担当者が施設の入口やロビーに立って「○○社のお席にお越しのお客様はエレベーターで3階にお上がりください。そちらの楓の間が会場でございます」のように声をかけるのです。

3階へ上がったら、そこには3階担当の誘導係がいて「右手にお進みください。○番目のお部屋になります」とリレーで誘導すればスムーズです。もちろん、化粧室やクロークなどの問い合わせにも、人間の案内であれば臨機応変に答えられます。

都心の一流ホテルで、聞いたことがあります。ロビーにもホワイエにも、あまりにも案内掲示板がないのです。化粧室の表示すらありません。「これではお客様が迷われるのではないですか？　クレームにつながりませんか？」と聞いたところ、支配人から帰ってきた言葉は素晴らしいものでした。「お客様は私どもがご案内するので、案内板など不要なんです。」

人ならば、何でも答えられるし、お手伝いもできます。それがサービス業の本質なのだと気づかされた一言でした。宴会場の中もしかりです。

料理案内

混雑する会場であっても、どこにどんな料理が並ぶのかが事前に分かれば、人はイライラしないものです。会場内の見取り図を用意して、その日どんなメニューが用意されているのか、何がどのあたりに並ぶ予定かを伝えます。売り切れになった料理の続きは、何分後に出てくるのかというような情報も共有できれば、不要な混乱やクレームも招かずに済みます。

料理そのものの表示についても工夫が必要です。ある時、ドイツのホテルの朝ご飯で感心したことがありました。朝食はブッフェ方式であれこれ選んで楽しんでいたのですが、あるプレートにはカラフルな旗が立てられていました。何かと思えば、ベジタリアン向きの料理でした。

世界に目を向ければ、菜食主義者、宗教上など様々な理由で食に制限のある人がたくさんいます。そういう視点でずらりと並んだ料理を見渡すと、ベジタリアン向け、イスラム教徒向けなど、その人の主義や信仰に応じた料理を選べるように、表示に工夫がされていたのです。

着席パーティーの案内

着席パーティーの場合、受付ではお席のご案内、または着席案内状の配布、席にはお名前のカード、式次第とメニューなどを用意し、お渡しします。

遅れてきたお客様には、受付で進行状況の簡単な説明をして、入場するタイミングを計ります。場合によっては前菜などを外すことの了解を得ることも必要でしょう。そしてお席まで目立たない導線でご案内します。

欠席の場合は、席の間隔を調整する、ぬいぐるみを置くなどの対応が必要です。

情報の提供・共有の大切さ

大勢の人がいて、そのすべてがパニックなく、スムーズに動くようになるには、何が大切か。いろいろな要素はありますが、ポイントのひとつは情報の共有です。

化粧室

例えば化粧室です。化粧室が混雑しやすいタイミングはある程度決まっています。宴会場から近い化粧室がいっぱいになりそうなら、次に近い化粧室の場所をご案内したり、より空いているほうへ誘導したりするのも有効です。
「トイレはどこですか?」と聞かれてからご案内するのもいいですが、たとえば受付の段階で「お化粧室はあちらにございます。混雑しているようでしたら、上の(下の)階の同じ場所にもございますよ」とご案内するのもいいでしょう。

大規模な宴会の場合、途中で化粧室に立つ人も少なからずいます。男性の場合は個室と男性専用とがありますので効率もよいのですが、女性用はすべてが個室なので、男性以上に時間がかかります。

女性の多い宴席の場合は、一番近い化粧室がどこになるかを確認するだけでなく、個室の数や次に近い化粧室はどこなのかも幹事さんにチェックしてもらいましょう。

同じフロアの化粧室がいっぱいな場合は、上の階か下の階をご案内したいところですが、下の階にも宴席が入っていれば、そちらの化粧室も混雑が予想されますから、宴会の入っていない上の階を優先的にご案内します。

そうした、その日の状況に応じたご案内がスムーズにできるように、幹事さんをはじめ、主催者側の案内係や施設側の受付担当にも情報を渡しておきます。

女性目線

自社の施設が優れているかどうか。それはゲストの目線に立って自社施設を見つめてみると、よくわかります。どこの会社でも宴会セールスの仕事は男性が多いのですが、女性の視点で物を見ることも、実はとても大切です。

着替え室

結婚式をあつかう会場であれば、ゲストの着替え用の部屋は、何かしら用意されているケースが多いでしょう。しかし、結婚式をほとんど受けない会場では着替え室が常設されていることはまずありません。

宴会の内容にもよりますが、男性参加者の多い企業宴会では、着替えの需要などほとんどありません。しかし、女性の参加者が多い場合、おしゃれしたい、着飾りたい、というニーズは思っている以上に多いと思われます。会社帰りに立ち寄るパーティーだったとしても、ドレスに着替えたい、パーティーバッグに持ち替えたい、ストッキングや靴を履き替えたい、という女性は多いものです。

であれば、着替え用に個室を用意してあげるのも一案です。

パウダールームや授乳室

化粧直しをしたり髪を整えたりするのに、化粧室の洗面台を利用する女性は多いものです。化粧室はパウダールームとも言いますが、化粧直しの需要を考えたら、明るく映し出せる鏡を設置したり、ティッシュやコットン、綿棒など、メイク直しにあると嬉しい小物を用意したりすると喜ばれます。最近は多くのレストランや居酒屋でもこうした小物が化粧室に備えられてあります。

また、個室内に着替え台（折り畳み式）を設置しておけば、ストッキングの履き替えも無理なくできます。

赤ちゃん連れのゲストのためには、化粧室内のオムツ替え用の台や授乳室の存在は非常に助かります。最近の母親はこうしたスペースがあるかどうかを事前に調べて行動パターンを決めるほど、求められているスペースです。汚れたオムツを捨てられる、専用のごみ箱（においが出ないタイプがあります）などあれば完璧でしょう。

ＶＩＰや高齢者への対応

ＶＩＰや高齢者、障がいのある方の列席が見込まれるときの対応も必要です。高齢で足腰が弱い人やお身体の不自由な方にとって、長時間の立食パーティーは大きな負担です。料理を楽しんでもらおうにも、混雑した会場で料理をとりに行くのも大変です。

そんな時、ＶＩＰ席を設けておくと安心安全でスムーズです。その席が特定の方のためのものであることは、会場スタッフはもちろん、幹事さんや事務局の業務にあたる方々にも周知しておきます。可能なら事務局スタッフの誰か、あるいはレセプタントなど、VIPの接遇担当を決めてテーブルの近くに配置しておきましょう。

スピーチのために登壇する、化粧室に立つなど立って移動する時にさりげなく介助して、必要ならば付き添ったりするなど、そうした配慮も幹事さんの務めでありそれをサポートするのが宴会セールスの仕事です。

なお、障がい者への対応については、第7章で詳しく述べています。

喫煙所

施設内を全面禁煙にでもしていない限り、明確にタバコを排除する施設はないでしょう。しかし最近の傾向として喫煙所を定める、分煙する動きは加速しているようです。人にはタバコを吸う権利があります。同時に、嫌う権利もある。嫌煙権という言葉も定着してきました。

スタッフの中にも喫煙者はいます。タバコのにおいは想像以上に服や髪の毛につくものです。サービススタッフの喫煙についてはルールを定め、お客様に不愉快な思いをさせないよう徹底する必要があります。

お客様の喫煙については、吸う人も吸わない人も快適でいられるように、喫煙スペースの位置や広さを工夫する必要があります。

例えばＶＩＰの方が愛煙家で足元がお悪い、ご高齢であるなどの場合は、ＶＩＰのための控室を喫煙可として他の方の待合室とは別にするか、あるいはＶＩＰ席をロビーの喫煙コーナーに比較的近い位置に配置するなどのテクニックが必要です。

おそらく現在の分煙傾向はますます強まると考えられますが、喫煙者のお客様への対応も検討しておく必要があるでしょう。

プログラムの進行

開宴したら一緒に宴会を楽しみたい、という幹事さんがいます。残念ですが、幹事さんは一緒に宴会を楽しむどころではありません。全体に目を配り、何かあればすぐに対応しなくてはならないのです。また、規模が大きい宴会の場合で目が行き届かないときは、何人か主催者側のスタッフを決めておいて様子を見てもらい、何かあったら携帯電話で幹事さんに知らせてもらう体制をとっておくことも大切です。

お迎えとお見送り

開場時に入口に立ち、お客様をお迎えする場合があります。レシーピングラインと呼ばれ、個人の場合、主人、主賓、主賓婦人、主人婦人と並ぶのがルールですが、企業宴会の場合、主役始め発起人等が金屏風を背に並び、参加してくださることへの、簡単な謝辞を述べます。出席者も簡単なお祝いの言葉を述べ、入場します。

たくさんの人が並んだ場合は、すぐに移動するのが、出席者のマナーです。立ち会う宴会セールスも参列者を上手に促します。

お見送りも同様です。挨拶をしないお客様には、別のドアを開けて、退席していただきます。後に宴席が控えている場合、時間通りお部屋を空けないと次の参加者に迷惑がかかります。幹事さんにはきちんと会場事情を事前に伝え、協力してもらいます。

乾杯

乾杯のご発声はキーパーソンとなる来賓のおひとりにお願いするものですが、このスピーチが長引くことがあります。配られた飲み物がすっかりぬるくなっても、本人は構わずにしゃべり続け、プログラムでは3分で予定していたのに、10分もしゃべっていたなんてことにもなりかねません。

そんなときどうするかも幹事さんの差配一つです。

「偉い人のスピーチを遮《さえぎ》るなんてとんでもない」と思われるかもしれません。ですが乾杯の発声を頼まれるほどの人は、だいたいほかの宴席でも経験しています。

その方が来場したら、幹事さんはすかさずそばに寄って「本日はありがとうございます。乾杯のご発声、よろしくお願いいたします。」と挨拶します。そして「お飲み物を配り終えましたらスタッフから合図を送らせていただきますので、合図がありましたらなるべく早く切り上げて、乾杯へと進めていただけますと幸いです。」と、切り上げてもらう段取りも仕組んでしまいましょう。

トラブル対応

前述したように、宴会では余興に飛び入りが発生したり、スピーチや出し物が長引いたりと、進行の妨げになるアクシデントはいくらでも起こります。

それらを想定して、キャプテンや司会者と連携し、なるべく円滑に進むように配慮するのが幹事さんの役目です。そして宴会セールス担当は幹事さんの黒子として、施設スタッフと幹事さんの連絡役になり、施設スタッフへの司令塔となることが大切なのです。

応急処置

宴会場内で見守る宴会セールス担当も音に気をつけていれば、異常な音に反応できます。料理をこぼし、衣服を汚した場合の対処法や食器による怪我などは、簡易染み抜きや救急箱に常備しているもので、別室にお連れして、その場を処理することができます。お開きのあとは専門家に見てもらうこともお勧めします。

救急車を呼ばなければならない場合は、施設に入った時にサイレンを消してもらう配慮をお願いしましょう。同時に患者の搬出の最短ルートを確保して、救急隊の到着を待ちます。施設内にドクターや看護師がいる場合もあります。お手伝いをお願いするのもいいでしょう。

料理が足りない

結婚披露宴を除いて、巷で多く開かれている宴会やパーティーは、ほとんどが立食形式です。乾杯が終わって料理が並ぶと、列席者は一斉に料理を取りに行きます。若くて食欲旺盛な人が多ければ、料理がなくなる時間も短いでしょう。

あっという間に足りなくなって会場のあちこちから文句が聞かれるようになると、雰囲気も悪くなります。そんなとき、どう対応したらいいのでしょう。

宴会の人数に応じて、料理を盛り付けたプレートが何回出るか、それを把握しておくことです。列席者が列をなしていて、あとほんの数人、というタイミングでそのプレートが空っぽになってしまったら、料理についていたサービススタッフが「あと5分ほどで、次のプレートが出ます」とか「出来立てをすぐにお持ちします。よろしかったらお待ちください」と一言声をかければ、列席者の心証はかなり違います。「あと5分なら、このまま待とうかな」という気分にもなります。

料理の減るスピードが予想以上に速そうだったら、各メニューのプレートが今、何回転目なのかをチェックします。そして、早々に品切れが予想される場合は空っぽになってからではなく、早めに幹事さんに声をかけて、追加料理を出すかどうか決断してもらいます。

もちろん、すべての料理の追加が出せるわけではありません。例えばローストビーフは塊の牛肉をじっくり焼き上げる料理ですから、言われてすぐ出せるはずもありません。

言われてすぐ出せる料理、厨房がストックしているものといえば、ピラフやチャーハンなどのご飯ものか、パスタ類など、およそ主食に類するものがほとんどです。

それも人数によるので、出すまでにかかる所要時間を見越さなければなりません。列席者からブーイングが出るようになってから決断しても、追加が出せるのは、どんなに早くても15分から20分後です。その頃には次のプログラムが進行していたり、列席者があきらめてしまっていたりします。

また、人間の満腹感というものはタイムラグのあるもので「もう少し食べたいな…」と感じている腹八分目の状態も、15分から30分ほどすれば、満腹感が襲ってきます。欲しいと思ってから20分も経ってから出されても、もう欲しくなくなっている場合が多いのです。

こんな場合に備えておけることは、幹事さんにあらかじめ、追加料理の可能性について想定しておいてもらうことです。どのメニューなら出せるのか、追加料金はどれほどかかるのか、追加する・しないの決断は素早くする必要があることなどを、あらかじめ情報として伝えておいて、実際に追加が必要になった際には、手際よく判断してもらえるようにします。

お花を差し上げる

宴会場の入口にたくさんのフラワースタンドや卓上花が置かれ、華やかさが一段と引き立ちます。本人との人間関係が分かる瞬間でもあります。しかし、そのお花をすべて持ち帰るのは、難しいと思います。幹事さんより事前に指示があれば、本人の持ち帰りのお花以外は、受付の皆さんと小分けして紙で包み、ビニールの手提げ袋に入れて、希望者に差し上げましょう。

幸せのおすそ分けです。最後まで手を抜かない気遣いは、心に響くことでしょう。

「忘れ物」をさせない

人が大勢集まれば、忘れ物は発生します。

極力、忘れ物はしない・させないのが鉄則です。

施設側はお開きになって列席者が全員お帰りになった後、会場を片付けます。その際、忘れ物があればすべて回収します。それがどこにあったか（何番のテーブルの下、○階の女性用化粧室の手洗い場、など）のメモも一緒に保管します。

長年この仕事をしていると、だいたい忘れ物が発生しやすい場所というのがわかってきます。例えばテーブルクロスをかけたテーブルの下です。あるいは荷物からこぼれ落ちたものがあって気づかないケースとして、化粧室の個室やパウダールームがあります。荷物置き場として使用していたテーブルなどの隙間から落ちたり、あるいは物陰に押し込まれていたりということもあります。

そうした後に残ったものの情報は、すべて幹事さんにお伝えします。忘れた人自身が施設に連絡してくることもありますが、気づいた人は多くの場合、幹事さんに連絡するものです。そのため何が忘れられていたか、それがどこにあったか、幹事さんにはなるべく早くご連絡するようにします。

忘れ物は、忘れた当人はもちろん不便ですし、幹事さんにとっても気がかりなものです。取りに来るのか、連絡はどうするのか、どうすれば確実に渡せるのか、遠方なら発送しなくてはならないのかなど、対応もさまざまです。

保管期間は施設によってまちまちでしょうが、最低2日間ほどは保管されるのが一般的ではないでしょうか。お財布や定期券、手帳など、身元の分かるようなものが入っていればすぐに連絡できますが、中にはごみなのか必要なものなのか判断に迷うものもあります。

お開き前、司会者から「くれぐれもお忘れ物のないように」と注意を促してもらうことも大切です。そして施設のスタッフは、片づけが始まると同時に忘れ物がないかどうか目を配ります。誰のものか分かるものがいち早く見つかれば、もしかしたらまだ施設内にいらっしゃるかもしれないからです。

天候と交通機関

雨や雪の日には

雨が降り出せば傘をさします。さてあなたの施設では傘をどう受け取り、管理しているでしょうか。

キーをかける方式の傘立てを出して対応する施設も多いでしょう。しかし、その傘立てのキャパシティは、その日の来場者をまかなえるだけの余裕はあるでしょうか。すべての宴会場の収容可能な人数分の傘立てを持っている施設など、ほとんどないと思います。

当然、傘立ては溢れます。場合によっては、鍵のかからないところに傘を立てかけて入る人もいるでしょう。傘の取り違えや紛失が起こるかもしれません。びしょびしょにぬれた傘を宴会場や施設の奥まで持ち込まれると、床が濡れてしまいます。濡れた床は滑りやすく、転倒の原因にもなりかねません。クロークやロビーで傘を受け取り、確実に預かるのが一番です。

さらにやっかいなのが、雪です。コートや頭に雪をのせて入ってくる人が増えると、同様に床が濡れてしまいます。突然の雨や雪、あるいは予報である程度予測できているならば、傘立てを出す、クロークの準備をするだけでなく、タオルやモップを用意して、スタッフ総出で待ち構えるぐらいの準備が必要です。

濡れて入ってこられた方には、すかさずタオルをお渡しします。それがお客様のためでもあり、床を濡らさないことで事故を防ぐ上でも大きな意味があります。

宴会の受け付け開始前後の一番のピーク時だけでも十分有効です。少しの間人員を割きましょう。

そうすれば「すかさずタオルを差し出してくれた、気の利く会場である」「よいサービスを受けた」という好印象を残すこともできるのです。

交通機関

天候は交通機関にも影響を及ぼします。

2018年の秋は次々と大型の台風が襲来して、首都圏や関西の交通が完全にマヒしたこともありました。首都圏のJRがすべての運転を午後8時で終了とするという計画運転を昼間から発表し、帰宅難民回避に挑戦したのも初めてのことでした。

前々から計画し準備してきた宴会であっても、当日の天候や交通機関の状況に左右されるのは避けられません。遅延が発生していると、予定時刻に集まれない可能性が出てきます。大型台風や大雪のような悪天候のときには、お客様が来られなくなったり、帰れなくなったりする可能性もあります。

どうしても建物の中にずっと長くいると外の状況には疎くなりがちですが、宴会の当日は天候と交通機関の遅延・運休状況・道路状況には敏感でありたいものです。テレビやインターネットの情報から、混雑状況や運行状況、もし停止しているなら復旧の見通しについて情報収集します。

そして運休や、駅や列車の混雑が見込まれるときには、宴会の主催者（幹事）と相談をして、お開きの時間を早めてお客様を早めに送り出したり、送迎バスやタクシーの手配を前倒しにしたりするなどの対応をとります。宴会の最中はもちろん、帰宅するまでの間にも事故やトラブルに合わないように配慮するのです。

平時こそ緊急時のことを考える

どこの施設も、必ず管轄の消防署などから防災指導や避難訓練を受けていることと思います。宴会を提供する施設は、人の口に入る料理を提供する場でもあり、多くの人が集まるパブリックな性質をも併せ持っています。そんなとき、緊急事態が起こったら、いかにスタッフが冷静に行動してパニックを抑え、お客様を誘導して安全を確保しなければなりません。安心と安全は、すべてのサービスの基本です。

例えば避難誘導です。通常の導線（お客様の動きに合わせた通路の確保。時間帯やタイミングに応じてスムーズに人の流れが作れる導線）は何より大切です。しかしながら、例えば地震や火災で通常の通路が使えない場合、避難路の確保はどうなっているでしょうか。非常口の位置の確認や整備、案内表示は必須です。急病人が出ることもあり得ます。そんなとき、どう対処するのかも考えておかなければなりません。スタッフは救急救命の講習を定期的に受け、ＡＥＤ（自動体外式除細動器）は設置され、スタッフはそれを躊躇なく使えるでしょうか。

不測の事態が起こった時、何よりスタッフがパニックになっていては話になりません。日頃から緊急時の設備について学んでおくことが何よりも必要です。非常時の誘導ほど、冷静になることが求められます。

必要な情報を確実に伝え、デマを防ぐこと、そして危険が伴う場合はお客様への伝達は「お願い」ではなく「命令」に代わることができるようになりましょう。

自分たちにできることを学び、できないことには手を出さず、救急隊や消防などプロの手にバトンタッチするまでをいかに適切に乗り切れるかを学んでおきましょう。

地震対応

日本は地震大国と呼ばれ、阪神・淡路大震災や東日本大震災に見られるように、全国どこでも地震の可能性はあります。施設の仲間の話を聞くと、その時の現場の対応は、見事でした。高層ビルにあるレストランは、エレベーターが止まったため、お身体が不自由なお客様をサービス担当がひとりずつ背負って階段を降りた話、調理場にあるすべての食材をお客様に配った話、翌日まで宴会場を解放して、お泊まりいただいた話など、マニュアルには書いていないことを現場の判断で行ったのです。逆にマニュアルに従い、ビルからお客様を追い出したところもありました。

避難誘導を含めて非常時の判断は、大変難しく、正解はないかもしれません。しかし判断の拠り所は、お客様を守るために、何ができるか、それを行動で示すことだと思います。

この対応が、お客様の信頼につながることは、間違いありません。

サービスのプロフェッショナルたち

サービスクリエーター

これまでもあるいはところによっては今でも「配ぜん人」と呼ばれる人のことです。全国サービスクリエーター協会では「サービスクリエーター」の名で統一しています。ホテル、会館、レストラン、婚礼式場などで、料飲接客サービスに携わるスタッフを指します。なかでも多いのは、一般的に言われるウェイター、ウェイトレスで、料理や飲み物のサービスを担当します。宴会の混み合う季節、あるいは繁忙の時間帯などに、紹介所の紹介により仕事に当たります。紹介される職場のレベルに合わせた仕事を常に要求されるため、教育訓練が欠かせません。

一般社団法人 全国サービスクリエーター協会（AJCC）
〒110－0004 東京都台東区下谷2－15－12浅井下谷ビル6F
TEL：03－5808－7375 FAX：03－5808－7376

第7章　お身体の不自由なお客様への対応

セールスの仕事は、宴会当日にいらしたお客様を会場までご案内することも含まれます。顧客満足を追求する私たちですが、その内容の進化にはこれまで以上の奥行きが求められています。

現在わが国の障害者数は788万人で、人口の6%です。加えて、日本は超高齢社会であり、65才以上の高齢者が3、000万人暮らしていて人口の約24%を占めています。2030年には30%に達する見込みです。そして高齢者は視覚障害・聴覚障害・肢体不自由・内部障害が複合的に起こることが珍しくありません。お客様の高齢化が避けられない現状において、体に不自由を感じる方に対する正しいご案内が今後ますます求められてきます。

注目されるスキルとして、一般社団法人 日本ユニバーサルマナー協会が提唱するユニバーサルマナーがあります。ユニバーサルマナーとは高齢者や障害者への適切なサポートやコミュニケーション方法です。そしてその根本は特別な知識や高度な技術を要するものではなく、身につけていて当然のマナーの領域です。

相手がどうしたいのか、その意思に耳を傾けることが大切です。その姿勢の背景に垣間見えるのはより深く相手を理解しようとする「心」とその理解を助けてくれる「知識」です。なにが良いのか正解はありません。しかし100点満点でなくていいのです。

なによりも大切なのは「常に歩み寄っていく姿勢」と、「現状を少しでもより良くしようとする姿勢」でしょう。

しかしあまりにも特別扱いをしてしまっては、かえって居心地悪い思いをさせてしまうこともあります。求められるのはさりげない対応です。そしてそれを可能にするためには、正確な知識が必要となります。

そこで本章では、宴会会場に特化した対応をご紹介します。

肢体不自由

肢体不自由とは、四肢（手足）や体幹（脊椎を中軸とした上半身と頸部）の運動機能に障害があることです。移動には、杖や車椅子などを使用します。

杖

杖は、立体姿勢が不安定な場合や、持久力がない場合の移動手段の補助として使用します。

・使用者の承諾を得てから、サポートします。
・サポートする場合は、杖を持つ手の反対側で行います。
・杖の先のゴムが摩耗すると滑りやすくなるので、摩耗していると判断した場合は注意を促します。

車椅子

車椅子は、四肢や体幹に障害がある場合に使用します。

・車椅子に触ることを事前に断ることが必要です。特に長期間日常的に使っている方は、車椅子を自分の体の一部だと感じている場合が少なくありません。たとえ善意の行動であっても、無断で体に障られているような不快感を持たれる恐れがあります。

・介助者がいる場合でも、車椅子利用のお客様と積極的に話すようにします。車椅子の方と目線の高さを合わせることが求められます。上から話しかけられると相手は威圧感を感じがちです。また80才以上のほぼ100%がかかる白内障の場合、視野の上部は特に不鮮明です。

・車椅子使用者を案内する時は、遠回りであっても安全を優先して、段差や溝のない場所を誘導します。またその際は、その旨を伝えます。

・車椅子のままがいいのか、施設の椅子に座り直したいのか、確認することが必要です。腰が痛いから体勢を変えたい、下半身が冷えたから血行を良くしたい、視野の高さを変えたいなどの理由で椅子を希望する場合もあります。
・車椅子使用者の中には、体温調節ができない人もいます。ひざ掛けなどの用意などの配慮が求められます。

車椅子を押す

車椅子を押すときの流れと注意点は、以下の通りです。
①押してよいのか、事前に確認します。
②車椅子のブレーキが外れているかどうか、確認します。ブレーキレバーは主車輪（後輪）の両側についています。外れていなければ、本人に外してもらうか、本人に確認をとってから外します。
③車椅子の真後ろに立ち、ハンドグリップを両手でしっかり深く握ります。
④「押します」と声をかけてから、ゆっくり押します。
⑤わずかな振動でも苦手な人がいるので、地面をよく見て、なるべく振動がないように留意します。

段差でのサポート

段差の上り下りや溝を超えるときの流れと注意点は、以下の通りです。

・本人が車椅子のシートに深く腰掛けているか、確認します。車椅子で移動中に、座る位置が前にずれていることがあります。特に高齢者や車いすに慣れていない人、上肢にも障害がある人の場合は、細心の注意が必要です。

・段差や溝がある場合は、キャスター（前輪）を上げるので、事前に「キャスターを上げます」と、声をかけます。

【段差を上る場合】

①前向きで段差に向き合います。

②足元のステッピングバーを踏み込み、ハンドグリップを両手で下げます。最近はステッピングバーがない車椅子が増えています。その場合は、手首のスナップを聞かせてキャスターを上げますが、コツが必要なので慎重に行います。

③キャスターが上がったら、少し前進し、段にキャスターをのせます。

④後輪を段差に押し付け、後輪を持ちあげるのではなく、そのまま前進し、押し上

げます。

【段差を降りる】

①後ろ向きで行います。②主車輪を段に沿って降ろします。③そのままゆっくり後進します。④キャスターが段に近づいたら、段に沿って、ゆっくり降ろします。

エレベーターでのサポート

・エレベーターに乗る時の基本は、後ろ向きに主車輪から乗せます。

・降りるときも向きを変えて、後ろ向きで降ろします。エレベーター内で向きが変えられない場合は、前輪が溝に挟まらないように、前輪を少し持ち上げて降ろします。

視覚障害

視覚障害は2つに大別されます。「視力障害」と「視野障害」です。

視力（見る力）の障害は、全盲（視力の和が0・04未満）と弱視（視力の和が0・

05～0・3未満）に分かれます。

視野（見える範囲）の障害は、狭窄（視野が全体的に狭い）、欠損（視野の一部が見えない）、暗点（視野の中央部分が見えない）に分かれます。

弱視や視野障害の方は外見では見えているように思われがちですが、実は危険を察知しづらいということに留意しておくことが必要です。

例えば弱視の方は、同系色の障害物などを認識しづらい傾向があります。視野障害のある方は、見えづらい方向から迫る危険を察知することができません。また、高齢者の多くは白内障で視野がかすんでいます。

紹介する対応の仕方は全盲の方が対象ですが、それ以外の方へのフォローの参考にもなります。

お声がけ

・「腕や服に軽く触れながら」声をかけます。そうでないと自分に話しかけられているのか判断が難しいからです。

・そして名前と所属を伝えます。相手がホテルや施設の人だと分かれば、本人より具体的な内容を頼めるようになります。
・それから必ず「なにかお手伝いしましょうか？」と、サポートの必要性を伺いましょう。

移動時のサポート

・「自分の腕、肩、手首など」を相手の要望に合わせて持ってもらいます。相手の背中を押す、手をひく、白杖を持つなどは、相手のペースを乱してしまうのでNGです。右手左手のいずれが持ちやすいのかも確かめます。
・そして相手の「斜め一歩前」を歩きます。そうすることで自分が危険防止のために急に立ち止まった時に、相手が先に行くことを防げます。
・段差や通路の幅など「周囲の状況を伝えながら」ゆっくりと歩きます。立ち止まる場合や待つ場合には、その理由も丁寧に伝えましょう。

段差や階段でのサポート

・「上りなのか下りなのかも含めて」段差や階段があることを伝えます。

・段数が少なければ「3段の下り階段があります」と具体的に伝えると安心してもらえます。

・手すりがある場合は「手すりを使いますか？」と確認します。

・大切なことは、段差に向かって「正面から進む」ことです。斜めから進むと足を踏み外す危険性が広がります。

・目的地に着くまでに「3、2、1」とカウントダウンしがちですが、実はその感覚は人それぞれ。その場に着いた時に「○階に着きました」と伝えましょう。

・一段先に歩くか、横に並んで歩くかは、相手の要望に合わせます。歩くスピードも同様です。

・以前私が駅で電車の乗り換えのサポートを申し出たところ、その方はエスカレーターを望まれました。「階段、エスカレーター、エレベーターのいずれが安心なのか」これも要確認です。

トイレへの案内

・トイレへは可能な限り「同性が誘導」します。
・トイレの便器、トイレットペーパー、水洗ボタン、くず入れ、鍵、洗面所の場所などの「情報を説明」します。
・その後は「少し離れた場所で待機」しましょう。

聴覚障害・言語障害

聴覚障害とは、外耳、中耳、内耳、もしくは脳のどこかに障害が生じて、音を正常に聞き分けられなくなった状態です。

全ろう（全く聞こえない状態）、難聴（聴力が低下してよく聞こえない状態）など程度の差があります。またいつ障害が発生したかによって、先天性失聴と中途失聴（言語を覚えた後に聞こえなくなった状態）に分かれます。

言語障害とは、言葉の発生や理解する過程のどこかの器管が正しく機能していない状態です。先天性の場合と、脳出血や脳梗塞などで、大脳の言語中枢器官が損傷を受けて支障をきたす場合などがあります。

サポート

・ジェスチャーなどを交え、自然な振る舞いで歩み寄ります。
・コミュニケーションは筆談、読唇術、手話、指文字、携帯メールなどで行います。途中失聴の場合、手話ができない人が少なくありません。
・情報は、箇条書きなどで簡潔に伝えます。
・話す場合は、ゆっくりとはっきりと、口を大きく開きながら話します。
・発言が少ない場合は、表情や動作を理解するように努めます。
・補聴器を使用している場合は、騒音の少ない静かな席に案内します。

（本文は（一社）日本ユニバーサルマナー協会よりの出典です）

ユニバーサルマナー

高齢者や障害者、ベビーカー利用者など、私たちにとって〝自分とは違う誰かの視点に立ち行動すること〟は、特別な知識ではなく、「こころづかい」の一つです。例えば街中のお店にスロープが無くても「何かお手伝いできることはありますか？」と声をかけられる人がいれば、車いすやベビーカーを利用している人はお店に入ることができます。それが「ユニバーサルマナー」です。ハード（設備）を変えることができなくても、私たち一人ひとりの「ハート」は今すぐに変えることができます。ユニバーサルマナー検定は、三級は筆記、二級は筆記と実技で審査されます。

一般社団法人 日本ユニバーサルマナー協会
〒532-0001　大阪府大阪市淀川区西中島3-8-15
EPO SHINOSAKAビル8F
TEL：06-6195-4466 FAX：06-6195-7854

「幹事さん」のためのワンポイントアドバイス

幹事さんは、宴会の準備や当日、判断が求められるケースが少なくありません。
「任せて安心」な幹事さんになるための、ワンポイントアドバイスをいたします。

名簿を整理する

大人数のパーティーの場合、開宴前の15分位がピーク時間です。お名前を伺い、名簿を確認する時間がかかる場合があります。それを回避するためには、会社関係、所属している団体、友人、親戚、マスコミ等などに分けて名簿を作成します。五十音順で、お名前はカタカナで表記するなど、すぐに探せる名簿は、慣れない受付スタッフに喜ばれるでしょう。

予定外のゲストが来たら

どなたでもフリー参加のパーティーならよいのですが、困るのは事前に出欠確認をしているにも関わらず、出席の連絡なしに宴会へ来てしまう人がいることです。こんなときはまず幹事さんが呼ばれます。相手がどんな方なのかをまず確認し、参加いただくかどうか、すぐに決める必要があります。

大げさに聞こえるかもしれませんが、セキュリティの問題に発展しかねません。どういった関係者なのかを確認しお通しすると決まったら、記帳していただき、名刺を受け取り、会費がある場合はお支払いいただいて、入場していただきます。

そのような時のためにも、式典用のリボンは余分に用意しておきます。セキュリティチェックをしつつ、来てくださった方に不愉快な思いをさせないよう、慎重な対応が求められます。

金銭トラブルへの対応

会費制の場合、事前に案内していたにもかかわらず、銀行に寄るのを忘れたなどの理由でお金が払えない列席者が発生することがあります。そんな時まず呼び出されるのも幹事さんです。さてそのような時どうするか、幹事さんには判断が求められます。

その列席者が信頼のおける人で、連絡先も明らかな場合などは後日振り込んでいただくようお願いするのもひとつの手です。

そういう場合に備えて、振込先を決めておき、振込先情報を書いた紙を用意しておくなどの準備も必要でしょう。

もちろん、名刺を頂戴して、もし主催者側の中にその方をご存知の人がいるようなら、ひと声かけて情報を共有してもいいかもしれません。

一番大変なのは、入場した人数と集まったお金が合わないときです。そのためにも、どんなに人数が多くても受付担当には現金の出納管理をしっかりしてもらうようお願いします。

領収書を発行する場合もあります。その場合も手際よく発行できるよう、あらかじめ金額や但し書きは記入して用意しておくなど、備えておけば安心です。

複写式の領収証で、相手が不要だと言っても必ず記入するようにすれば、出納管理にも役立ちます。

会費制のトラブル

会費制とうたっていても、会費以上にご祝儀を持参する人もいます。例えば会費1万円のパーティーなのに、ご祝儀袋に10万円包んできた時にはどう対応したらよいでしょうか。ご祝儀袋を受け取ったら、記帳していただいている間にそっと裏(パーテーションなどで列席者の目に触れないところを作っておきます）で中身を確認します。10万円入っていたから9万円おつり、というわけにもいきません。ご祝儀をお返しするなど失礼なこともできません。

そんな時は、まず丁寧にお礼を述べることです。それも受付担当ではいけません。誰かの出版記念パーティーなのであれば著者ご本人、会社の新作発表会ならば取り急ぎ当該部門の責任者にお願いします。予定外のご祝儀ですから判断に困るかもしれませんが、その可能性を想定して一定の立場のある人が受付までお礼を言いに出るのが礼儀でしょう。そんな可能性まで見越して、もしそうなったときは誰に対応してもらうか、社内で決めておいてもらえれば安心です。

ご祝儀袋

結婚式などで、誰もがご祝儀袋を持ってくる場合も対応が必要です。ご祝儀袋は豪華で美しいものですが、かさばるものでもあります。10人も受付をすませれば、あっという間にガサガサと山ができてしまいます。

ご祝儀が集まったらすぐに裏へ回して、中身を確認します。これもたまにあることですが、袋には金額が書かれているのに中身が空っぽということがあります。家で表書きだけ書いてきてお金を入れるのを忘れるケースがあるのです。

ご祝儀袋のまま管理して、すべてが終わってから「あれっ、空っぽだ！」となっても、本人には連絡しにくいものです。こうした報告は早ければ早いほどいいのです。すぐに中身をあらため、もし空だったら、すぐ幹事さんに報告がいくようにしておきます。まだその人が受付近くにいるかもしれませんし、会場に入ってしまったのなら、主催者に声をかけてどの方か特定し、そっとそばによって事情を説明します。たいていが失念していたことに気づいて、お支払いくださいます。

そんなイレギュラーにも即対応できるように、あらゆる可能性を想定しておきましょう。

式典用のリボン

受付で名前をもらい、記帳してもらって、胸にリボンで作った花を付けてもらうといった流れもよくある光景です。特に女性の場合はリボンを付ける作業も、てきぱきやらないと受付が滞る原因の一つになります。受付担当に、上手なリボンの付ける位置や付け方をあらかじめレクチャーしておくだけで、受付は各段にスムーズになります。

開宴後の受付

予定されている参加者リストの全員の受付が済んだからと、安心して撤収するケースもありますが、これも気をつけたほうがいいでしょう。特に企業宴会の場合、乾杯が済んだら帰ってしまう、いわゆる「義理で出席しただけ」という人が少なからずいるからです。

お帰りになるときお持ち帰りいただくお土産がある場合は、開宴までに用意を済ませておかねばなりません。予想外のタイミングで帰る人はいるものです。そんな時に対応するためにも誰かしら受付に残りお土産をお渡しできる体制を整えておきます。

ご挨拶周り

大きな宴会の場合、二つの挨拶方法があります。

一つは会場の前の方に本人を立たせ、挨拶したいお客様を迎える方法です。遠くから分かるようにアドバルーンを目印にするなどの工夫も必要でしょう。関係者にそばに付いてもらい、名刺と飲み物を持ってもらいます。たくさんのお客様と言葉をかわすと喉が乾くものです。

もう一つはご自身が歩き回ることです。時間はかかりますが、並ぶ抵抗感がなくなり、話しやすくなるメリットがあります。お客様の中には長々とお話をする方がおります。この場合はそばに付いている人が、上手に間に入り、切り上げましょう。

お祝い品を記録する

パーティーの当日、会場に飾るお花をいただくケースがあります。この場合はお花は送り主の名前と共にすべて写真を撮り、後日、送り主にお礼状を出すのがマナーです。プレゼントの品物も同様で、受付でお名前を記録して本人にすみやかに伝えます。

■参考図書■

『西洋料理の食卓作法』
一般社団法人日本ホテル・レストランサービス技能協会 著　キクロス出版発行
『ブライダル・フェア マニュアル』
遠山詳胡子 著　キクロス出版発行
『宴会サービスの教科書』
大谷晃・遠山詳胡子・二村祐輔 共著　キクロス出版発行

おわりに

私は大学を卒業以来、宴会セールスを中心に生きてきました。

振り返ってみても楽しい仕事に携われて幸せでした。また生まれ変われても、同じ職業に就きたいと、本当に思います。なぜか。人間が好きなんですね。

一緒に働く仲間たちと宴会という場を作り上げ、お金をいただき、お客様に喜んでいただける、こんな素敵な仕事は他にあるでしょうか。セールスを通じてたくさんのお客様と出会い、学び、共に喜び、泣く、正に人生そのものでした。

仕事で学んだノウハウをまとめ、伝えることも、皆さまへの恩返しと思い、執筆を引き受けました。本文に書かれた内容の多くは、私の40年間に及ぶ実体験をまとめておりますが、専門的な記述については、関係者のお力をお借りしました。紙面を借りて御礼申し上げます。

本書がこれからのお仕事に少しでもお役に立てれば、これに勝る喜びはありません。

石井 啓二（いしい　けいじ）
1943年東京生まれ。國學院大學卒業後、明治記念館に入社。
以来、宴会セールスとして現場の最前線で活躍。部長職の後グループ会社株式会社マンネットの代表取締役社長を務める。宗教法人明治神宮理事を歴任。退館後は株式会社学士会館精養軒から社長として招聘され、5年間で抜本的な組織改革を行い、業績を回復させる。現在は（一社）日本ホテル・レストランサービス技能協会のテーブルマナー委員会 委員長として「テーブルマナー講師認定」事業を中心にマナーの普及活動に従事する。
レストランサービス技能士1級。テーブルマナー認定講師、テーブルマナーマスター認定講師。一般財団法人 國學院高等学校同窓会代表理事。

宴会セールスの極意

2019年1月11日　初版発行

著者　石井啓二
発行　株式会社 キクロス出版
〒112-0012　東京都文京区大塚6-37-17-401
TEL.03-3945-4148 FAX.03-3945-4149
発売　株式会社 星雲社
〒112-0005　東京都文京区水道1-3-30
TEL.03-3868-3275 FAX.03-3868-6588

印刷・製本 株式会社 厚徳社
プロデューサー 山口晴之　エディター 浅野裕美子・遠山詳胡子

ISBN978-4-434-25568-7 C0034

●第三章
婚礼サービス
ブライダルとは
ブライダルサービスの心構え
ブライダルの流れ
ブライダルサービスの業務
結婚式会場が決まるまでの業務
挙式・披露宴サービスの業務
挙式・披露宴サービスの流れ
挙式
披露宴での業務
●第四章
結婚式の基礎知識
結婚式とは
結婚式のトレンド
挙式のスタイル
キリスト教挙式の流れ
●第五章
葬祭サービス
葬祭バンケットとは
葬祭バンケットに必要な言葉の定義
仏式葬の式次第と飲食
仏式葬の式次第概要
神葬祭の式次第と飲食
キリスト教葬の式次第と飲食
カトリックの葬儀（昇天）
昇天式（葬儀・告別式）
プロテスタントの葬儀進行
葬祭サービス
葬祭パーティー
パーティーの構築
新しい葬祭の提案
葬祭サービスの業務
当日の実働事例
献花などの拝礼
スタッフの立ち振る舞い
●第六章
ユニバーサルマナー
ユニバーサルマナーとは
肢体不自由
視覚障害
聴覚障害・言語障害